Begegnungen mit Geistern

Begegnungen mit Geistern

Zwischen Aralsee und Industal

edition tethys 2021

Impressum
Nachdruck oder Vervielfältigung nur mit Genehmigung des Verlags gestattet. Verwendung oder Verbreitung durch unautorisierte Dritte in allen gedruckten, audiovisuellen und akustischen Medien ist untersagt. Die Bild- und Textrechte verbleiben bei den Autoren.

Begegnungen mit Geistern. Zwischen Aralsee und Industal.
edition tethys: Potsdam 2021.

Herausgegeben von Olaf Günther und Thomas Loy
Umschlagsidee und Gestaltung: Jons Vukorep
Umschlagfoto: Karl Wutt, Winter-Sonnwendfest, Brun 1974
Satz: IKM eG, Groitzsch
Druck und Bindung: winterwork, Borsdorf

Die Fertigstellung dieses Buches wurde mit Fördermitteln des Bundes im Rahmen des Zukunftprogramms NEUSTART KULTUR ermöglicht.

ISBN 978-3-942527-12-5

http://edition-tethys.org/

You could not see them, said Sadr-ud-din, but if you concentrated you would be able to feel them: to hear their whisperings, or even, if you were lucky, to sense their warm breath on your face.
(William Dalrymple, *City of Djinns*, 1993)

Vorwort der Herausgeber

Seit jeher bevölkern Geister, Dämonen und andere übernatürliche Wesen die menschlichen Vorstellungswelten. Und obwohl einige Gelehrte an der Existenz dieser Kreaturen zweifeln und den Glauben an sie für unvereinbar halten mit den Prinzipien des Islams und als eine Form des Aberglaubens ablehnen, spielen Geister bis heute eine wichtige Rolle im Leben vieler Muslime. Man begegnet ihnen im Koran und in Hadithen. Und die Legenden, Erzählungen und Märchen mit ihnen sind so zahlreich wie die Vorkehrungen, die getroffen werden, um vor ihren Angriffen auf Gesundheit, Leib und Leben verschont zu bleiben.

In Zentralasien geht man unter anderem mit dem Rauch, der beim Verbrennen der Steppenraute (*ispand*) entsteht, gegen diese den Sinnen verborgenen Wesen vor. Man räuchert die Orte aus, an denen man ihnen begegnen könnte. Oft sind es Kinder, die mit kleinen, qualmenden Blechbehältern durch die Straßen ziehen und in Häusern, an Bushaltestellen oder auf dem Basar für eine kleine Spende die bösen Geister zumindest vorübergehend vertreiben. Aber auch Amulette, einige Metalle und die Segenskraft von Sufis und Heiligen versprechen Schutz vor den Verführungen und den Gefahren, die von diesen dämonischen Kreaturen ausgehen.

Die in diesem Band zusammengetragenen Erzählungen von Begegnungen mit Geistern stammen aus dem muslimisch geprägten Zentral- und Südasien, vom Oberlauf des Amudarja, aus Buchara, aus Nordafghanistan, Pakistan und Xinjiang. Vorislamische und islamische Vorstellungen sind darin ebenso untrennbar ineinander verschmolzen wie arabische, iranische, türkische und indische Motive. Die Beiträge stammen von

Literaten und Wissenschaftlern, die sich in ihren Arbeiten intensiv mit dem Glauben und dem Alltag der Menschen an diesen Orten beschäftigen oder im 20. Jahrhundert beschäftigt haben. Ihnen allen sei noch einmal herzlich gedankt für ihre Bereitschaft, ihre Arbeiten für diesen Band zur Verfügung zu stellen. Und auch für ihre Geduld mit uns. Wir waren so unvorsichtig, die Arbeit an diesem Band ohne Amulett oder eine andere Vorkehrung zum Schutz vor dem Zauber der Dschinn in Angriff zu nehmen. Es hat uns einige Zeit gekostet. Geplant als zweite Publikation unseres Verlages dauerte es fünf lange Jahre, bis die *Begegnungen mit Geistern* nun endlich in Form eines Buches in Erscheinung treten.

Gleb Snesarev:
Menschen und Geister

Übersetzung aus dem Russischen Anja Lutter[1]

Als wir unsere ethnografische Forschungsarbeit zur religiösen Weltanschauung in Choresm aufnahmen, hofften wir naturgemäß nicht auf schnelle Erfolge. In der ersten Zeit war es denn auch keineswegs einfach, zu den für uns interessanten Fragen vorzudringen, sei es auf direktem oder auch indirektem Wege. Was die Menschen hier unabhängig von Geschlecht und Alter in ihrem Alltag beschäftigte, hatte wenig zu tun mit dem, worauf unsere Forschungen abzielten: Choresm lebte ganz im Heute und Morgen; die Zahl derer, die sich dafür begeisterten, in die Vergangenheit, in die Welt irriger Vorstellungen und abstruser Rituale zurückzukehren, war überschaubar. Selbst diejenigen, die sich ihren Glauben insgeheim bewahrt hatten, waren in allem Übrigen ganz moderne Menschen und scheuten sich erwartungsgemäß, über Glaubensdinge zu sprechen. Was aus vergangenen Zeiten überdauert hatte, schlummerte tief verborgen im intimsten Raum des Familienlebens; um Zutritt zu diesem schwer zugänglichen Bereich des menschlichen Bewusstseins zu erhalten, wollen die Schlüssel sorgfältig ausgewählt sein. Das erforderte Zeit.

---

[1] Neuübersetzung des ersten Kapitels (Люди и духи) aus dem 1973 in Moskau erschienenen Band Г. П. Снесарев: Под Небом Хорезма. Die erste deutsche Ausgabe dieser „ethnografischen Aufsätze" erschien 1976 unter dem Titel *Gleb P. Snessarew: Unter dem Himmel von Choresm. Reisen eines Ethnologen in Mittelasien* im Verlag Brockhaus (VEB Leipzig) in der Übersetzung von Hans-Joachim Thier.

Zunächst galt es, freundschaftliche Beziehungen zu den Menschen aufzubauen. Erst als wir uns in ihrem Familienkreis nicht mehr als Fremde fühlten und wir unseren Gesprächspartnern auch unser Anliegen verständlich gemacht hatten, konnten wir die überaus heiklen weltanschaulichen Fragen angehen.

Legenden und mündliche Überlieferungen, nebulöse mythische Bilder, Fragmente von Riten, deren einstiger Sinn schon beinahe verloren war, – all das präsentierte sich auf den ersten Blick als eine recht chaotische Ansammlung unzusammenhängender Daten.

Beunruhigen konnte mich das kaum. Aus Erfahrung wusste ich, dass im Laufe der Materialsammlung der Augenblick kommt, da alles seinen Platz findet, einzelne, zusammenhanglose Fakten sich zu klar umrissenen, in sich geschlossenen Komplexen fügen und sich in unserem Begreifen der Erscheinungen die notwendige Ordnung einstellt.

Nichts war uns nebensächlich. Buchstäblich alles, was Menschen uns mitteilten, fand auf den Seiten unserer Feldtagebücher seinen Niederschlag. Eher eintönige Berichte über die Dogmen der offiziellen Religion, des Islams, wechselten ab mit geradezu einmaligen Angaben über Relikte ältester Religionen, die durch den wunderlichen Gang der Geschichte bis in unsere Tage hinein überliefert wurden; mythische Helden existierten in den Erzählungen der Menschen ganz selbstverständlich neben historisch verbrieften Gestalten; zahllose Heilige vollbrachten die unwahrscheinlichsten Wunder; familiäre Zeremonien gingen mit einer ganzen Reihe magischer Handlungen einher. All dies verwob sich in den Schilderungen unserer Gesprächspartner zu einem bunten, phantastischen Teppich.

Erstaunlicherweise ergab sich ein vergleichsweise vollständiges Bild zuallererst für die einheimische Dämonologie – also die Vorstellungen von übernatürlichen Wesen, die die uns umgebende Welt bevölkern und in ihrer Mehrzahl dem Menschen feindlich gesinnt sind.

Wer es war, der uns das Tor zu dieser rätselhaften Geisterwelt hier in Choresm den allerersten kleinen Spalt aufgestoßen hat und wann genau das geschah, wüsste ich nicht mehr zu sagen. Mit der den Ethnographen eigenen Beharrlichkeit zwängten wir uns jedenfalls durch diesen Spalt hindurch, freundeten uns mit den Geistern an und fassten unter ihnen Fuß. Als gewissen Grundstein hierfür kann man wohl die folgende kuriose und zugleich heroische Begebenheit ansehen, an die ich mit Vergnügen zurückdenke.

Es war in einem Kischlak in der Nähe von Gurlen, ein trüber und windiger Tag. Ich saß außerhalb des Dorfes an der Straße und wartete auf meine Reisegefährtin; ich war unruhig, denn die Zeit verstrich und wir hatten noch viel vor.

Wildes Geschrei riss mich aus meinen düsteren Gedanken. Eine kleine Staubtrombe bewegte sich langsam die Straße entlang, gefolgt von einer Schar schrecklich aufgeregter Jungen im Vorschulalter. Kreischend und wild mit den Armen fuchtelnd tobten sie der Trombe hinterher, stolperten und rappelten sich wieder auf, klaubten im Laufen Steine und Lehmbatzen vom Boden auf und schleuderten sie in rasender Wut in den Staubwirbel.

Ihr Anführer war ein schmutziger, barfüßiger Knirps, einen Kopf kleiner als die anderen, in T-Shirt und Pluderhosen. Wütend stürzte er sich auf den Gegner, und als er einmal einen Stein nicht gleich zu fassen bekam, pfefferte er wutentbrannt seine Tjubetejka in den tanzenden Staub.

Schließlich war der Widerstand des Feindes gebrochen, die Trombe änderte ihre Richtung und fiel über einem Bewässerungsgraben in sich zusammen. Die ermatteten Kämpfer kommentierten lebhaft alle Einzelheiten der Schlacht. Mit ihnen ins Gespräch zu kommen war nicht schwer, den Anführer zu interviewen erwies sich jedoch als aussichtslos: Der „Oberbefehlshaber" war der menschlichen Sprache noch nicht ausreichend mächtig. Die anderen Knirpse, älter als er, sprangen ihm bei. „Das war ein Dschinn! Ein Dschinn!", schrien sie mir ins Ohr, zerrten mich am Ärmel und deuteten mit weit aufgerissenen Augen in die Richtung.

Ein Dschinn! Dass ich darauf nicht gleich gekommen war! In ganz Mittelasien kennt man die Vorstellung, dass in einer Staubsäule ein böser Geist eingeschlossen ist, und wenn dieser Staubteufel über einem Menschen niedergeht, verliert dieser die Sprache. Wenn man aber ein Messer in die Trombe wirft, so bleibt an dessen Klinge ein kleiner Blutstropfen kleben.

Aber nun diese kleinen Kerle hier! Die furchtlosen Dschigiten[2] hatten sich vorgenommen, mit dem bösen Geist aus eigener Kraft fertig zu werden, und das trotz all der Schreckensgeschichten, die ihnen von den alten Frauen eingeflüstert worden waren. Eine wahrhaft kämpferische Generation, die da heranwuchs! Die Staubhose, hinter der die Kinder von Gurlen hergejagt waren, war lediglich eine dünne Säule Straßenstaub, die einem vielleicht Sand in die Augen weht oder eine in der Sonne trocknende Windel mit sich fortreißt. Eine ausgewachsene mittelasiatische Trombe hingegen ist ein außerordentlich eindrucksvolles Naturschauspiel.

Wer schon einmal Gelegenheit hatte an einem windigen Tag den Blick über die endlosen Weiten der Kysylkum und Karakum schweifen zu lassen und am Horizont die Windhosen umherspazieren zu sehen, dem ist klar: das ist etwas ganz anderes. Der Radius solcher Sandhosen kann am Boden mehrere Meter betragen, und sie wirbeln nicht nur Staub auf, sondern auch Salz, Sand und allen möglichen Müll; sie sehen aus, als könne man sie anfassen, sind von düsterer, grauer Farbe und ihre Spitze verliert sich erst irgendwo kurz unter

---

[2]In Mittelasien für (männliche) Kämpfer.

den Wolken. Wie verzagte, leicht gebeugte Witwen ziehen sie über die in Aufruhr befindliche Wüste.

Ich weiß noch, wie eine solche Sandhose einmal das Zeltlager unserer Expeditionsarchäologen erwischte. Die Leute waren gerade bei der Grabung. Die Sandhose suchte sich ein Zehnmannzelt aus und richtete dort ein völliges Chaos an. Am Morgen war den Arbeitern der Lohn ausbezahlt worden. Die Trombe riss unter Kissen und Decken die dort verwahrten Geldscheine hervor und ließ sie über der Wüste hinabregnen. Die Männer brauchten Stunden, um die Scheine zwischen den Dünen wieder einzusammeln. Musste man da nicht denken, dass eine böse Macht im Spiel war?

Es ist kein Zufall, dass ich hier auf solche Geister zu sprechen komme, die in Sandhosen wohnen und diese über die Weiten der Steppe vor sich hertreiben. Solche Vorstellungen, die sich aus den ältesten Zeiten der Menschheit erhalten haben, spiegeln wohl besonders anschaulich jenes Stadium von Religionen wider, da der Mensch sich noch in völliger Abhängigkeit von der ihn umgebenden Welt befand und den für ihn unbegreiflichen, furchteinflößenden Naturerscheinungen besondere übernatürliche Kräfte zuschrieb.

Die natürlichen Bedingungen am Unterlauf des Amudarja und in der angrenzenden Wüstenzone waren hart und machten den Menschen das Leben schwer. Sie lebten in dem verstörenden Gefühl, etwas Unbegreiflichem ausgeliefert zu sein, und sahen in den Naturerscheinungen die Verkörperung übernatürlicher Wesen, die ihr Wohl und Leben auf Schritt und Tritt bedrohten. In den Wüsten fielen böse Dämonen als Sandstürme über die Menschen her oder lockten sie als verführerische Luftspiegelungen tief in die Dünen, wo sie vor Durst umkamen. Inmitten der damals im Delta reichlich vorhandenen Seen und Sümpfe und in den undurchdringlichen Tugai-Dickichten voller Raubtiere waren diese bösen Geister eine lebensgefährliche Bedrohung für Jäger und Hirten.

Auf dem Amudarja zerstörten die Geister der Unterwasserströmungen die Boote der Fischer. In Gebirgsschluchten trugen entfesselte Geister in Form von Schlammströmen ganze Dörfer davon. Sie überfielen menschliche Ansiedlungen und rafften die Bewohner durch schreckliche Seuchen dahin. Sie waren in Reptilien und giftigen Insekten verkörpert, von denen es in der Aral-Region so reichlich gibt.

So kann es kaum verwundern, dass die Welt feindlicher Geister in dieser Gegend durch derart vielgestaltige und farbenreiche Gestalten vertreten war. Mit der Zeit verringerte sich ihre Zahl allerdings beträchtlich, zudem verloren die Geister ihre einstige enge Bindung an die Erscheinungen der Natur.

Der Glaube an sie lebte jedoch fort, wenn auch in verwaschener Form. Mit den unterschiedlichen Gestalten dieser Welt machten wir mit Hilfe unserer Informanten ganz allmählich und unter den verschiedensten Umständen, bisweilen rein zufällig, Bekanntschaft. Von manchen hatte ich schon vor langer Zeit gehört, etwa von den Dews.

Jeder, der die faszinierenden Märchen des Orients gelesen hat, wird sich dieser bemerkenswerten Geister erinnern, die ungeheure Kräfte besitzen, nicht allzu bösartig sind und sogar den Menschen dienen können.

Die choresmischen Dews unterscheiden sich kaum von ihnen. Zum ersten Mal begegnete ich ihnen an den Ufern des Amudarja, in Kiptschak, der einzigen großen Siedlung der Oase, die unmittelbar am Fluss liegt, und zwar an dessen linkem Ufer. Es war geradezu eigenartig: Man sitzt bei Bekannten vor dem Haus und unten, direkt vor einem, die Weiten des Flusses; man kommt sich vor wie in einem kleinen Städtchen an der Wolga. Allerdings ist der Amudarja hier nicht breit und man sieht besonders gut, wie stark seine Strömung ist.

Hier lernte ich Hodschi Muluk kennen, einen Vertreter von der Art der Dews.

Es war wohl kein Zufall, dass ich gerade in dieser Gegend Bekanntschaft mit den Dews machte. Am rechten Flussufer beginnt als flache Hügelkette das Sulton-Uvays-Gebirge, das als Qaratau über dem Flussbett aufragt und sich dann weiter nach Nordosten hinzieht. In den Bergen sind die Dews in ihrem Element. Hier streifen sie durch die Schluchten und halten in Höhlen ihre Zusammenkünfte ab. Wenn die Dews dort ausgelassen feiern, fliegen riesige Steine ins Tal hinab. Doch die Dews liegen keineswegs nur auf der faulen Haut. Wie Legenden besagen, haben sie die Menschen einst verschiedene Handwerke gelehrt. Vor allem sind die Dews Baumeister. In Choresm gibt es eine ganze Reihe Städte und Festungen, deren Bau den Dews zugeschrieben wird.

„Sehen Sie mal dort hinüber, zum Tschilpyk", sagte mein Gesprächspartner aus Kiptschak, als wir nach einem reichlichen Mittagessen satt und zufrieden vor seinem Haus saßen. Er deutete auf das gegenüberliegende Flussufer. „Das ist das Werk von Hodschi Muluk." Der Tschilpyk war ein gewaltiger künstlicher Hügel in Form eines Kegels, auf dessen Gipfel Spuren früherer Bauten erkennbar sind. Die Archäologen halten ihn für eine Nekropolis, einen Turm des Schweigens, zu dem die Bewohner von Choresm früher ihre Toten trugen.

Die Legende erzählt, dass der Erbauer dieses Hügels, Hodschi Muluk, ein äußerst anständiger Dew war. Emsig hatte er den Hügel für die Menschen aufgetürmt. Als er sich daran machte, Lehm zu kneten und diesen in seinen riesigen Händen auf den Gipfel des Hügels trug, um daraus eine runde Mauer zu formen, rutschte ihm ein kleiner Lehmklumpen zwischen den Fingern hindurch und fiel herab. Und so liegt er bis heute als riesiger trockener Lehmblock am Fuße des Hügels.

„Um seine Arbeit termingerecht zu schaffen", erzählte mein Gastgeber, „ging Hodschi Muluk zur Nacht nicht in die Berge, sondern blieb gleich hier auf dem Hügel. Wenn wir auf die andere Seite des Flusses übersetzen, zeige ich Ihnen einen Spalt im Hügel; dort tief drinnen ist die Höhle, in der der Dew geschlafen hat."

Der arbeitsame Dew Hodschi Muluk konnte den Menschen jedoch auch schaden. Es heißt, er habe weit stromabwärts in der Gegend des Berges Tok versucht, den Fluss durch einen Staudamm abzusperren, um das Wasser von den bestellten Feldern abzuleiten, was ihm jedoch nicht gelang.

Die Dews und noch viele andere Geister, böse, gute und neutrale, wurden von dem Propheten Suleiman, einer populären Gestalt mittelasiatischer Legenden, umerzogen und an nützliche Arbeit herangeführt. Suleiman, eine überaus farbenreiche Gestalt, ist niemand anderes als der biblische König Salomo, der vom aufkommenden Islam entlehnt und kanonisiert wurde. Auf seinem prächtigen Thron, der von einer ganzen Schar gezähmter Geister gezogen wurde, jagte er über die sündige Erde dahin.

Als Suleiman einmal über den südöstlichen Teil der Oase von Choresm hinwegflog und seinen trägen Blick über die sich unter ihm erstreckende Steppe schweifen ließ, bemerkte er an einer kleinen Quelle eine Herde prächtiger Pferde. In dem Wunsch, diese zu besitzen, sandte der Prophet zwei Geister zu der Quelle; sie kehrten jedoch unverrichteter Dinge zurück, denn es waren geflügelte Pferde, die sich augenblicklich von der Erde emporschwangen und hinter dem Horizont verschwanden. Suleiman ließ von dem Gedanken, die Pferde zu besitzen, nicht ab. Er beauftragte den Dew Kaus. Der jedoch erklärte, kein Mensch und kein Geist sei dazu imstande, mit Ausnahme des alten Dew Samandun. Der Prophet und der Dew Samandun aber standen miteinander auf Kriegsfuß: Samandun wollte sich nämlich Suleiman nicht unterwerfen und wartete nur auf eine Gelegenheit, selbst zum Herrscher der Welt zu werden.

Samandun, ein außergewöhnlich großer Dew, hielt sich normalerweise unter dem Meeresgrund in der Erde auf; ihn an die Erdoberfläche zu locken, war ein schwieriges Unterfangen. Auf den Rat des Dew Kaus hin ließ Suleiman das Gerücht verbreiten, er, der Beherrscher des Weltalls, habe sich zu seinen Ahnen aufgemacht. Das Täuschungsmanöver glückte. Das Gerücht drang bis zu Samandun, und der Dew erhob sich, schüttelte sich die Erde ab, streckte sich und begab sich in Suleimans Hauptquartier, bereit, die Macht zu übernehmen. Dort wurde er ergriffen, in Ketten gelegt und vor Suleiman gebracht. Der Prophet gab ihm den Auftrag, die Himmelspferde für ihn einzufangen. Samandun erwies sich als listiger als alle übrigen Geister und befahl, die Quelle, zu der die Himmelspferde zur Tränke flogen, mit Wein zu füllen. Die Pferde berauschten sich, fielen um, die Dews und Dschinns stürzten sich auf sie und schlugen ihnen die Flügel ab. Seitdem zieren die Himmelspferde die Pferdeställe Suleimans. An der Stelle aber, an der die Pferde gefangen worden waren, erbauten die Dews eine Stadt mit dem Namen Chasarasp, was auf Persisch „Tausend Pferde" heißt.

Von dieser Legende, die ich in Chasarasp aufgeschrieben habe, gibt es unzählige Varianten; sie ist in Choresm äußerst populär. Allerdings sind ihre Hauptfiguren, die Dews, schon seit langem aus dem religiösen Leben mit seinen Riten, Talismanen und Zaubersprüchen verschwunden; sie sind hinübergewechselt in das Reich der Märchen und der Folklore. Von den Dews wird oft gesprochen, aber stets nur im Zusammenhang mit Ereignissen aus ferner Vergangenheit. Das Schicksal der Dews teilen inzwischen auch andere mythische Wesen – die schrecklichen Adschdar – Drachen.

Einmal saß ich mit Mullah Seilchan im Schatten des gigantischen Tekesch-Mausoleums bei Kunja-Urgentsch. Gerade war von der Spitze des Portals ein Knäuel ineinander verschlungener Schlangen herabgefallen und hatte unsere Köpfe nur knapp verfehlt. Der Mullah wurde böse, warf, ohne sich zu erheben, mit einem Stein nach ihnen, spie aus und murmelte grimmig: „Ach, ihr niederträchtigen Töchter der Drachen! Verdorren sollt ihr!" Nach kurzem Schweigen fragte er mich: „Was wissen Sie eigentlich über die Adschdar?"

Von diesen schrecklichen, feuerspeienden Drachen hatte ich in den verschiedensten Gegenden Mittelasiens immer wieder gehört. In den Bergen östlich von Samarkand schaute ich einmal in eine düstere Höhle, wo sich ein Adschdar verbarg, wie man mir erklärte. Zwischen den Wanderdünen der Karakum zeigte man mir die Spur eines Drachen, die sich bei näherem Hinschauen als alter, halb vom Sand verschütteter Kanal erwies. In Fergana saß ich am Grab des Heiligen Qilitsch Burchaneddin, der einst mit einem Drachen gekämpft und ihn getötet hatte.

Mullah Seilchan, von dem ich stets etwas Ungewöhnliches erwartete, schien bereit, eine Geschichte zum Besten zu geben. Seilchan war ein außergewöhnlicher Erzähler. Ich bedaure sehr, dass ich nicht öfter die Gelegenheit hatte, mich mit ihm zu unterhalten. Er war ein sehr beschäftigter Mann. Zu jener Zeit praktizierte Seilchan noch ein wenig: Er schrieb *Duʿo* – eine Mischung aus einem Gebet und einem Zauberspruch, hielt Gesundbetungen (*kuf-suf*) ab und führte sonstige kleinere „ärztliche" Handlungen durch. Ihn zu Hause anzutreffen war nicht leicht. Doch jede Begegnung mit ihm war eine große Bereicherung. Seilchan kannte die seltsamsten Legenden. Davon konnte ich mich überzeugen, als seine Erzählungen mich in solche Tiefen der Geschichte des Orients zurückkreisen ließen, wie man es sonst allenfalls von den Quellen des Nationalepos „Schahname" des berühmten persischen Dichters Firdausi kennt. Zudem besaß Seilchan als Erzähler eine außerordentlich wertvolle Eigenschaft, nämlich ungewöhnliche Genauigkeit. Sorgfältig berechnete er, wann sich welche Ereignisse zugetragen hatten, in seinen Legenden gab es keine namenlosen Gestalten und die einzelnen Teile einer Erzählung waren stets in sich abgeschlossen. Auch hob er bestimmte Einzelheiten hervor, was seinen Schilderungen eine besondere Bildhaftigkeit verlieh.

Meine Erwartungen enttäuschte Mullah Seilchan auch diesmal nicht. Er erzählte von einem Adschdar und ich hörte förmlich, wie der schuppenbedeckte Schwanz des gewaltigen Drachen knackte, ich hörte seinen rasselnden Atem durch seinen riesigen Rachen strömen und ihn mit seinen krummen Pranken schwerfällig über den Boden stampfen. Wie es seine Art war, verlegte Mullah Seilchan die Ereignisse der Legende in die Zeit, als Mahmud Ghaznavi in Choresm herrschte. Gewisse historische Unstimmigkeiten seien ihm verziehen.

Die berühmte Stadt Gurgandsch, auf deren Ruinen der Mullah und ich saßen, gab es ihm zufolge damals noch gar nicht. Die Hauptstadt habe dreißig Kilometer weiter südlich gelegen, dort, wo heute Wüste ist, erklärte er.

Viele Jahre hätten Mahmud und seine Untertanen in der Stadt wie in einer belagerten Festung gelebt. Alle Tore waren verbarrikadiert, die Menschen verließen die Stadt fast nie. In der Umgebung der Hauptstadt streiften zwei riesige Drachen umher, ein Männchen und ein Weibchen, denen die Bewohner der Stadt einen schrecklichen Tribut entrichten mussten: Jeden Tag wurde ein junges Mädchen vor die Tore der Stadt geführt und den Drachen zum Fraß überlassen. Die Familien zitterten und warteten voller Entsetzen, dass die Reihe an sie käme. Eines Tages nun traf es Mahmud Ghaznavi selbst, Überbringer der Nachricht war sein Wesir Kulubi-dschan, der dabei sein Leben riskierte. Um sich nicht den Zorn seines Volkes zuzuziehen, war der Sultan gezwungen, sich zu fügen. Das Los fiel auf seine älteste Tochter, die schöne Hur-dschamal.

„Sie kennen doch das Grab des Heiligen Ajub?", fragte Seilchan. „Nun, dorthin führten die Krieger das schluchzende Mädchen, fesselten sie an Händen und Füßen und eilten zurück in die Stadt."

Hier schweifte der Mullah etwas ab und sinnierte über die Gründe einer solch blinden Unterwürfigkeit gegenüber den Bestien.

„Wenn die Menschen damals schon Panzer und Waffen gehabt hätten, wäre alles anders gekommen", meinte er schließlich.

Das gefesselte Mädchen wurde auf dem Friedhof von zwei edlen Rettern gefunden, die zufällig des Wegs kamen. Es waren die Jünglinge Chorasm und Habasch, zwei fahrende Ritter aus Abessinien. Sie banden das Mädchen los und Hurdschamal erzählte von ihrem traurigen Schicksal. Chorasm erkundigte sich nach Aussehen und Größe des Drachen, um abzuschätzen, welche Kraft er brauchen würde.

„Ich habe den Drachen nicht mit eignen Augen gesehen", erklärte das Mädchen, „aber die Leute sagen, er sei an die drei Kilometer lang und zweihundert Schritte breit und er habe ein sehr großes Maul."

Als Habasch, der zweite Jüngling, das hörte, lief er feige davon, Chorasm aber blieb.

„Wenn ich kann, werde ich den Drachen erschlagen. Gelingt es mir nicht, werde ich mich selbst dem Drachen zum Fraß ausliefern", sprach er beruhigend zu dem Mädchen.

Der Dschigit erlegte eine Kropfgazelle, briet das Fleisch über dem Feuer und sie aßen. Hurdschamal beschloss, bei ihm zu bleiben und betrachtete den entschlossenen jungen Mann mit verzücktem Blick.

„Ich bin lange umhergezogen und habe viel gekämpft", erklärte Chorasm. „Ich bin sehr müde. Sagt, darf ich meinen Kopf auf Eure Knie legen und einen kleinen Moment schlafen? Wenn Ihr irgendetwas bemerkt, weckt mich sofort!"

Chorasm schlief zwei Stunden. Hurdschamal saß über ihn gebeugt und rührte sich nicht. Plötzlich fiel eine dicke Träne auf das Gesicht des Jünglings und er erwachte.

„Warum weint Ihr?", fragte er.

„Schaut, dort hinten", sagte sie und hob den Kopf.

Vor dem abendroten Himmel sahen sie das Ungeheuer herankommen. Langsam setzte der Drache ein stämmiges Bein vor das andere, zog den schuppigen Schwanz, dessen Ende sich in den fernen Sanddünen verlor, hinter sich her. Der Kopf auf dem langen Hals schwankte hin und her, die wie Scheinwerfer brennenden Augen erleuchteten die abendliche Steppe, und mit weit aufgerissenem Rachen sog der Drache geräuschvoll die Luft ein.

Mullah Seilchan hatte den Adschdar so anschaulich beschrieben, dass ich mich unwillkürlich erkundigte, ob er dem Drachen etwa selbst begegnet sei. Nein, der Mullah hatte ihn nicht gesehen. Ihm zufolge verstecken sich die Drachen heutzutage in unterirdischen Höhlen und tauchen gar nicht mehr an der Erdoberfläche auf. Warum? Sie haben Angst. Es ist ihnen auf der Erde zu laut geworden: Traktoren rattern, Agrarflugzeuge dröhnen über die Felder, Autos hupen. Und es stinkt nach Benzin, das mögen die Drachen nicht.

Die Erzählung Seilchans erreichte jetzt ihren Höhepunkt. Natürlich stürzte sich der Jüngling furchtlos auf das Ungeheuer und schlug ihm mit seinem Schwert den Kopf ab. Der Drache sank auf die Seite und Chorasm schnitt ihm einen langen Streifen Haut aus dem Rücken. Dann nahm er das Mädchen bei der Hand und lief mit ihr zur Stadt. Doch man ließ sie nicht ein – das Volk war an den Toren zusammengeströmt und bewarf die beiden mit Steinen. Niemand wusste, dass der Drache schon erlegt war. Sie mussten wieder umkehren. Der Drache lag in den letzten Zügen. Er konnte jedoch noch vorhersagen, dass der heldenhafte Jüngling auch den zweiten Drachen töten, dass er die Schätze finden werde, die die beiden Drachen bewacht hatten, und dass er an dieser Stelle eine Stadt erbauen werde. Und so geschah es.

„Der zweite Drache lag hier, an dieser Stelle, wo wir beide heute sitzen", erklärte Seilchan. „Sein Kopf befand sich genau dort, wo Ihre Expedition die Grundmauern des Minaretts ausgegraben hat, und der Schwanz dort, wo das große Minarett steht."

Chorasm zeigte Mahmud Ghaznavi die beiden abgeschlagenen Drachenköpfe und den Streifen Haut. Die jungen Leute wurden in die Stadt eingelassen und bald darauf fand die Hochzeit statt. Sie dauerte vierzig Tage. Danach wurde eine Stadt erbaut, die zu Ehren des Mädchens und der Schatz (*gandsch*) der Drachen den Namen Hurgandsch erhielt.

Obwohl Mullah Seilchan mir sachkundig versicherte, dass die Drachen inzwischen ganz und gar der Vergessenheit anheimgefallen seien, sollte ich noch des öfteren auf ihre lebendigen Spuren im Gedächtnis der Menschen stoßen, wobei sich der Charakter dieser Ungeheuer zuweilen von ganz unerwarteter Seite offenbarte.

Nicht weit von Jangi-Aryk, an der Straße nach Chiwa, ragen aus einem Sumpf zwei Hügel auf – die zerfallenen Reste einer Festung namens Alma-Atyschkan. Eines Tages hatte ich mich, bis zu den Knien im Wasser, zu dem einen Hügel vorgearbeitet. Dort streifte ich umher und sammelte Tonscherben. Plötzlich ertönten vom Kischlak her verzweifelte Schreie, die offenkundig mir galten. Eine beleibte Frau, die auf der Straße am Rande des Sumpfes stand, rief mir wild gestikulierend etwas zu. Offenbar sollte ich meinen Hügel unverzüglich verlassen. Ich watete also durch den Sumpf zurück zur Straße, wo ich erfuhr, dass ich um Haaresbreite meinem Verderben entronnen war. Ich hatte mich praktisch bereits zur Hälfte im Rachen eines Drachen befunden, aus dem mich die Frau gerade noch herausgerettet hatte. Der Hügel im Sumpf war nämlich ein unheilvoller Ort. Meine neue Bekannte erzählte mir eine traurige Geschichte. Einmal – ob sich die Geschichte vorige Woche oder vor fünfhundert Jahren zugetragen hatte, habe ich gar nicht erst versucht in Erfahrung zu bringen – hatten drei Frauen aus ihrem Dorf eine Kuh gesucht, die von der Herde fortgelaufen war, und waren dabei auf diesen unglückseligen Hügel geraten. Dort sahen sie einen tiefen Spalt in der Erde. Zwei der Frauen liefen daran vorbei, die dritte jedoch, die schrecklich neugierig war, blickte in den Spalt hinunter. Dabei ließ sie ihre Überschuhe fallen, die sie in der Hand trug. Es tat ihr um die Schuhe leid, sie kletterte in den Spalt hinab und gelangte in eine große Höhle. Mit bebendem Herzen erblickte sie einen Adschdar, der dort in der Ecke lag und schlief. Daneben saß eine traurige junge Frau, die der Drache von der Erde entführt hatte, eine gewisse Persefona aus Choresm. In einer Wiege schaukelte sie ein Kind, die Frucht dieser verblüffenden ehelichen Gemeinschaft.

Der Drache schnarchte und seine Frau warnte die Fremde flüsternd, sie dürfe oben auf der Erde ja nichts erzählen, schüttete ihr eine Kappe voll mit Gold und führte sie aus der Höhle. Natürlich berichtete die Frau zu Hause über alles, was sie gesehen hatte, und bald darauf war sie tot. Ich bedankte mich überschwänglich bei meiner Retterin und sie nahm mir das Versprechen ab, nie mehr diesen unterhöhlten Hügel im Sumpf aufzusuchen.

Sagen von blutrünstigen Drachen und heldenhaften Drachentötern sind weit verbreitet, und zwar bei den unterschiedlichsten Völkern, angefangen bei solchen, die sich erst vor Kurzem von der Steinaxt getrennt haben, bis hin zu den zivilisiertesten Völkern, die die Legende von Georg dem Drachentöter in ihre Religionssysteme integriert haben. Man könnte meinen, es habe früher auf dem ganzen Erdball von Drachen gewimmelt. Unwillkürlich fragt man sich, ob sich im Gedächtnis der Menschheit Erinnerungen an gigantische Echsen bewahrt haben, an Reste einer ausgestorbenen Tierwelt, mit denen sich die Menschheit womöglich zu Beginn ihres bewussten Lebens konfrontiert sah. Dennoch hat Mullah Seilchan recht. Wie die Dews haben auch die schrecklichen Drachen in der heute erhaltenen Dämonologie seine frühere

Bedeutung eingebüßt und ist in das Reich der Märchen übergegangen.

Anders verhält es sich mit einer dritten Kategorie mittelasiatischer Geister – den Albasty. Meine Bekanntschaft mit diesen abscheulichen Dämonen ergab sich zufällig in der kleinen alten Stadt Tasch-qala in der Nähe von Kunja-Urgentsch. Auf der Suche nach Scherben von glasierter Keramik streifte ich zwischen den Mauerwällen umher und hatte nicht bemerkt, dass die Dämmerung bereits angebrochen war. Es wurde dunkel. Die Wälle des Städtchens verloren sich zum Horizont hin, wo schon die Sonne rot glühend unterging, die Mauerzinnen des alten Chanssitzes Choresmbagh hoben sich dunkel vor dem rötlichen Himmel ab.

Es war menschenleer und still, nur irgendwo in einem fernen Kischlak schrie ein Esel. Als ich um einen der Hügel herumschlenderte, wäre ich beinahe mit einem jungen Burschen zusammengestoßen, der dort reglos in der Dunkelheit stand. Er war vielleicht fünfundzwanzig Jahre alt. Mit matter Stimme erkundigte er sich, was ich hier suchte. Ich erklärte, dass ich mich für alte Tonscherben interessierte. Der Bursche machte ein paar Schritte und stocherte unbeteiligt mit der Schuhspitze in der Erde herum. Anscheinend konnte ich ihn nicht begeistern, er setzte sich neben mir nieder und gähnte. Ich war nicht in der Stimmung, mich über die üblichen Themen zu unterhalten, erwartete auch nicht, dass sich dieser junge Mann als wertvolle Informationsquelle erweisen würde, daher stellte ich ihm ein paar belanglose Fragen. Ob er verheiratet sei und wie viele Kinder er habe. Er schüttelte verneinend den Kopf.

„Ich darf nicht heiraten", sagte er nach einer Weile heiser und mit finsterem Blick. Was ich dann zu hören bekam, klang ganz und gar unwahrscheinlich. Zuerst glaubte ich sogar, er wolle mich zum Narren halten, und wusste nicht, wie ich auf das Gehörte reagieren sollte. Vor mittlerweile drei Jahren, so erzählte mein neuer Bekannter, habe sich ihm der Geist einer Albasty an die Fersen geheftet, die ihm regelmäßig des Nachts erscheine und ihm die Kehle zudrücke. Er sei völlig verzweifelt und frage sich, was ihn in Zukunft womöglich noch erwarte. Er sagte das so ruhig und gelassen, dass es mir nicht geheuer war.

Ich rückte näher an ihn heran, um ihn in der Dunkelheit besser zu sehen. Er sah aus wie ein ganz gewöhnlicher junger Mann aus der Stadt, trug die übliche Arbeitskleidung und braune Schuhe, auf dem Kopf eine Tjubetejka, ein junger Bursche, wie man sie auf den Straßen der Bezirksstädte täglich sieht, wo sie vor dem Kino oder einem Getränkekiosk herumstehen. Er arbeitete als Lagerverwalter im Handel. Irgendetwas an seinem Äußeren machte mich stutzig, vielleicht waren es seine Augen, die oft unverwandt einen Punkt fixierten, vielleicht aber auch die allzu unruhigen Hände.

Von seinem Unglück berichtete er ganz unumwunden, wie ein Mensch, der sich schon lange damit abgefunden hat. Ja, kaum sei er eingeschlafen, wälze sich eine ungeheure Last auf ihn, fange an ihn zu würgen und nehme ihm die Luft; er sehe in der Dunkelheit jemanden sich bewegen, höre auch jemanden murmeln. Dann versuche er die Last abzuschütteln, die Decke abzuwerfen, doch es gelinge ihm nicht. Über diesem Kampf breche dann der Morgen an. So gehe es fast jede Nacht. Er sei wie gerädert und schlafe bei Tage im Gehen ein. Seine Mutter habe ihm den Koran unter das Kopfkissen gelegt, ein Messer, Brotfladen – die üblichen Amulette zum Schutz vor dem Bösen, doch nichts helfe. Ein- oder zweimal habe er sie gesehen, die Albasty. Einmal fühlte er plötzlich eine Erleichterung, warf die Decke ab und setzte sich auf. Die Albasty, eine kleine Zwergin mit langen, bis zur Erde reichenden aschgrauen Haaren, sei zur Tür zurückgewichen, von der Schwelle habe sie sich nach ihm umgeblickt und ihre Augen hätten in dem dunklen Gesicht geleuchtet.

Was sollte ich ihm sagen? In einer solchen Situation hätte ein antireligiöses Gespräch keinen Erfolg gehabt. Ich riet ihm, sich an einen Nervenarzt zu wenden. Er winkte ab: Sein Großvater und sein Vater hätten von Jugend an Drogen genommen und sich wiederholt an Ärzte gewandt; sie seien auch behandelt worden, letztlich aber als Süchtige gestorben.

Langsam tat er mir wirklich leid. Der Mensch, der da vor mir stand, war vielleicht nicht unbedingt geisteskrank, aber doch in jedem Falle schwerer Neurastheniker, ein Opfer der Rauschgiftsucht zweier Generationen vor ihm, für die er jetzt bezahlte. Und die Albasty? Wahrscheinlich waren die schrecklichen Erzählungen der alten Frauen, die er von klein auf gehört hatte, zu einer zwanghaften Vorstellung seiner kranken Seele geworden.

Später haben mir noch etliche Gesprächspartner von diesem Geist berichtet. Die Gestalt der Albasty wird von allen nahezu identisch beschrieben. Eine Zwergin mit langen Haaren, die besonders Gebärenden und Kindern gefährlich werden kann. Derselbe Geist kann aber auch Speicher verwüsten, Pferde scheu machen und ihre Mähne zu kleinen Zöpfen flechten. Ein Mensch, der es wagt, einer Albasty eine unter der Zunge versteckte magische Münze aus dem Mund zu holen, wird unbedingt zu Reichtum gelangen, sofern er über das Geschehene schweigt. In manchen Zügen erinnern die Albasty an die Hausgeister slawischer Völker. Aber wie dem auch sei, ich bedauerte jedenfalls nicht, dass ich diesen eindrucksvollen Geist auf der Habenseite verbuchen konnte.

Die Bewohner von Choresm hatten es übel getroffen, denn die boshaftesten und produktivsten Geister, die Dschinns, erwiesen sich als besonders zählebig. Sie suchten sich, so hieß es, gern zerstörte Dörfer und Häuser, ausgetrocknete Kanäle, Friedhöfe und alte Speicher aus. Von allen übrigen Artgenossen – Geistern und Ungeheuern – unterscheiden sie sich dadurch, dass sie kein bestimmtes Aussehen haben.

Vielleicht nehmen sie deshalb so gern die Gestalt von Insekten, Schlangen, Hasen, Enten oder schwarzen Katzen an. Man versuche übrigens nicht, einen solchen Hasen zu fangen: Er lockt einen an einen üblen Ort und fügt einem dort Böses zu.

Nach den Worten der Alten finden die Dschinns mitunter Gefallen an bestimmte Arten von Bäumen und Sträuchern. Zum Beispiel der Dschida – der schmalblättrigen Ölweide –, dem Nussbaum und der Heckenrose, die auch Adschina gul genannt wird, also „Blume der Dschinns".

Es heißt, die Dschinns halten sich gerne in der Nähe menschlicher Behausungen auf, damit sie jederzeit die Möglichkeit haben, mit ihren bösen Streichen in das Leben der Menschen einzugreifen. Darum haben die Erzählungen von den Dschinns auch stets Alltagscharakter, sie handeln nicht von außergewöhnlichen Ereignissen, sondern vom alltäglichen Zusammenleben der Menschen mit diesen Geistern, von Rivalität und Kampf mit ihnen.

Unsere Gesprächspartner gaben uns – manche in vollem Ernst, andere lachend – eine Vielzahl von Ratschlägen, wie mit den Dschinns umzugehen sei. Ist zum Beispiel ein neues Haus bereits bis zum Dach fertig gebaut, muss man bis zum endgültigen Einzug der Familie unbedingt jemanden dort übernachten lassen, sonst lassen sich die Dschinns dort häuslich nieder und sind später, wie die Kakerlaken, nur schwer wieder daraus zu vertreiben.

Ist man bei der Feldarbeit müde geworden und möchte sich hinlegen und sich etwas ausruhen, darf man nicht vergessen, den Kopf auf eine Hacke oder einen Spaten zu legen. Die Dschinns fürchten nämlich Eisen wie der Teufel das Weihwasser und werden es nicht wagen, sich einem zu nähern.

Wie alle anderen Geister brauchen auch die Dschinns Nahrung; sie sind schrecklich gefräßig und dabei nicht wählerisch.

Ich weiß noch wie einmal, als ich bei einem Essen in geselliger Runde aus Unwissenheit einen abgenagten Knochen fortwarf, die Frau des Hauses erschrak und mir eine zwar diskrete, aber doch ernste Rüge erteilte.

„An dem Knochen könnten noch Fleischreste sein. Und diese Nichtsnutze von Dschinns, die hier überall lauern und tuscheln, die warten nur darauf, sich auf das nächstbeste Essbare zu stürzen", erklärte mir die alte Frau.

Sehr gefährlich ist es, auf eine Versammlung von Dschinns zu stoßen, wenn sie an irgendeinem abgelegenen Ort Hochzeit feiern. In einem solchen Fall schlüpfen die Dschinns in Menschengestalt, ziehen den zufälligen Besucher unweigerlich in ihre ausgelassene Feier hinein und treiben ihn in den Wahnsinn.

Es gab im alltäglichen Leben eine ganze Reihe von Ritualen, Amuletten und anderen Talismanen, die die Menschen vor den Intrigen der Dschinns schützen sollten. Am wirksamsten jedoch vermochten diesen heimtückischen Geistern diejenigen zu widerstehen, die besondere sakrale Kräfte besaßen, nämlich Schamanen und Heilige, also Wundertäter.

Ich erinnere mich besonders an eine Erzählung. Während meiner Reisen durch Choresm machte ich nicht selten in Chiwa Station, der früheren Hauptstadt des Chanats. Jedes Mal, wenn ich an dem alten Chanspalast Tasch-hauli vorbeikam und durch ein schmales Gässchen ging, das im Schatten seiner hohen Ziegelmauer lag, schaute ich nach oben. Dabei dachte ich immer an den alten Dschinn, von dem es hieß, dass er hier wohnte. Die Geschichte geht so: Einst hatte sich in dem Palast eine vielköpfige Familie von Dschinns niedergelassen, niemand wusste, woher sie kamen. Es waren alte Dschinns und junge, auch ganz kleine. Die ganze Familie führte sich äußerst undiszipliniert auf und terrorisierte die Bewohner des Palastes geradezu. Sie bewarfen angesehene Würdenträger mit Lehmbatzen, ließen in dunklen Ecken geheimnisvolle

Lichter flackern und erschreckten die Wachen. Die jungen Dschinns schlichen sich sogar in die Gemächer der Frauen des Chans und stellten dort im Spieleifer unvorstellbare Dinge an. Die Frauen stellten dem Chan ein Ultimatum und drohten, sie würden ihm ihre Zuneigung entziehen, wenn er nicht für Ordnung sorge. Es musste umgehend der Heilige Sohir-Hodscha herbeigerufen werden. Der forderte die Dschinns kurzerhand auf, sich am nächsten Morgen vollzählig vor den Toren des Palastes zu versammeln. Dort las er ihnen die Leviten und befahl ihnen, sich unverzüglich in den Norden, in die kalte Wüste zu begeben, von wo aus die Dschinns bekanntlich in die Oase herüberzukommen pflegen. Die Dschinns erhoben den berechtigten Einwand, sie könnten jetzt zur Sommerzeit nicht den Amudarja überqueren. Der Heilige erwiderte, das solle ihre Sorge nicht sein, und jagte die ganze Dschinn-Horde auf die Straße nach Urgentsch und weiter zum Fluss. Er trieb sie zur Eile an und schimpfte auf die Zurückbleibenden: „He, du Dicke da, nimm das Kind auf den Arm! So sind wir bis zum Abendgebet noch nicht am Amu!" Als die Dschinns sich unschlüssig am Flussufer zusammendrängten, sprach Sohir-Hodscha ein Gebet, der Amudarja bedeckte sich mit Eis und die Dschinns gelangten ans andere Ufer. Nur einer, der älteste von ihnen, der hinkte, konnte nicht über das Eis laufen und blieb zurück. Der Heilige ließ ab von ihm, der alte Dschinn kehrte in den Palast zurück und benimmt sich seither dort anständig.

Gelten die Dschinns als Verursacher von Krankheiten und anderen Heimsuchungen, so sind die Geister einer anderen Kategorie – die Pari – ganz anders geartet. Die Pari sind nicht nur neutral, sie stehen den Menschen sogar eher wohlwollend gegenüber. Allerdings können auch die Pari, wenn man ihnen nicht Genüge tut, den Menschen äußerst grausam zusetzen. Bezeichnend für sie ist eine Besonderheit: Sie gehen mit den Menschen enge, zuweilen sogar intime Beziehungen ein. Zum ersten Mal erfuhr ich davon, als ich die poetische und ein wenig traurige Legende von Ahmed und der Wasser-Pari hörte. Es war in einem kleinen Dorf am Ufer des Hauptkanals Schawat. Ich hatte mit der alten Aj-momo, einer äußerst gesprächigen und wissbegierigen Frau, bereits alle Fragen durchgesprochen, die die Welt heute beschäftigen – meine Gesprächspartnerin war besonders beunruhigt über die Wasserstoffbombe – und das Gespräch war ins Stocken geraten. Dann kamen wir auf die Liebe zu sprechen und die alte Aj-momo lebte sichtlich auf.

„Haben Sie von dem armen Ahmed gehört?", fragte sie und mümmelte aufgeregt mit ihrem zahnlosen Kiefer. „O weh, er war so arm, dass er nicht einmal das Brautgeld aufbringen konnte." Sie rang verzweifelt die Hände. „Heirate doch eine Pari, das kostet dich nichts!", lachten die Leute. Er begriff nicht, dass sie ihn verspotteten und streifte lange umher auf der Suche nach einer Pari, bis er eines Tages ans Ufer des Amudarja kam. Hier erblickte er drei Wasser-Feen (Su-Pari), die in der Sonne ihr Haar trockneten. Ahmed erzählte ihnen von seinem Kummer, und die Jüngste der drei willigte ein, seine Frau zu werden. Sie stellte ihm jedoch zwei Bedingungen: Niemals dürfe er ihre Beine und ihren Leib ansehen und niemals dürfe er sich nach ihr umdrehen, wenn sie ihre goldenen Haare kämme. Ahmed gab ihr sein Wort und führte sie heim in sein Dorf. Er hatte ein gutes Leben mit seiner jungen Frau, doch sein Versprechen hielt er nicht. Er sah, dass die Pari Entenfüße mit Schwimmhäuten hatte, dass der Bauch bei ihr an der Seite saß und dass sie zum Haarekämmen den Kopf abnahm und ihn sich in den Schoß legte. Die Pari sagte nichts, doch am nächsten Tag verließ sie in seiner Abwesenheit das Haus. Sie verwandelte sich in einen Vogel und flog zum Meer. Auf einer Platane, die auf einer kleinen Insel stand, gebar sie ein Kind. Sie wickelte es in die Fetzen ihres Kleides und legte es in eine Astgabel der Platane.

Sie selbst verwandelte sich wieder in eine Wasser-Pari und stürzte sich in die Fluten. Lange suchte Ahmed nach ihr, bis er zu der Platane auf der Insel gelangte. Hier bemerkte er einen Schatten, der auf das Meer fiel, und hörte ein Kind weinen. An den Fetzen des Kleides erkannte er seinen Sohn und nahm ihn mit sich nach Hause."

Aj-momo war eine begabte Erzählerin. Von empfindsamem und gefühlvollem Wesen, nahm sie aufrichtig Anteil am Unglück, das den Helden ihrer Erzählung widerfuhr. Sie grämte sich mit Ahmed und entrüstete sich über ihn, dass er sein dem Mädchen gegebenes Wort nicht hielt. Die Wasser-Pari war für sie kein Geist mit Entenfüßen, sondern einfach eine betrogene Frau. An der Stelle, an der sich die Pari das Kleid in Fetzen reißt, um das Kind darin einzuwickeln, brach Aj-momo in Tränen aus. Noch öfter hörte ich die abenteuerlichsten Geschichten über die Pari und ihre Beziehungen zu den Menschen. Besonders erwähnenswert scheint mir dabei, dass die enge Verbindung zwischen Geistern und Menschen die Grundlage für das hiesige Schamanentum bildete.

Die Schamanen Mittelasiens waren, wie auch die Schamanen Sibiriens, des Hohen Nordens und des Fernen Ostens, eine Art Mittler zwischen den Menschen und der Welt der Geister. Da der Mensch von geheimnisvollen und überwiegend feindlichen übernatürlichen Kräften umgeben war, entstand in einem bestimmten Entwicklungsstadium religiöser Glaubensvorstellungen der Bedarf an „Spezialisten", die die Fähigkeit besaßen, mit der Welt der Geister in Verbindung zu treten, das von diesen gestiftete Unheil abzuwenden oder dessen Folgen wie Krankheit und sonstiges Unglück zu beseitigen.

Der Sinn und Zweck des mittelasiatischen Schamanismus ist relativ einfach: Die Schamanen bedienten sich der neutralen Geister – der Pari – als Gehilfen und gingen mit ihnen eine Art Handel ein; mit Hilfe besonderer Heilrituale vertrieben sie die Geister des gegnerischen Lagers – die Dschinns –

aus dem Körper des betreffenden Kranken. Die Schamanen schlossen gewissermaßen einen Kollektivvertrag mit den Pari, der diese verpflichtete, den Schamanen bei ihren Heilpraktiken zu helfen, während die Schamanen ihrerseits die Geister durch Opfergaben zu verpflegen hatten.

Die Initiative bei einer solchen Zusammenarbeit ging fast immer von den Geistern aus. Sie waren es, die den Auserkorenen aufspürten, vor ihm in Gestalt eines schönen Mädchens oder eines Jünglings, mitunter auch in Gestalt einer Taube oder einer Flamme erschienen und ihn veranlassten, Schamane oder wie er in Choresm heißt, *Parchan* zu werden.

Der Sinn des Schamanentums mag also einfach sein, er besteht jedoch aus einer ganzen Reihe verschiedener zeremonieller Handlungen, die je nach Provenienz unterschiedlich aussehen. Der Schamanismus Mittelasiens und insbesondere der in Choresm ist bisher noch kaum erforscht. Natürlich haben wir, als wir auf dieses eindrucksvolle und hochinteressante Phänomen stießen, versucht, so viel wie möglich darüber in Erfahrung zu bringen.

Das war vor allem deshalb ein schwieriges Unterfangen, weil das choresmische Schamanentum bereits im Verschwinden begriffen war und wir keine Gelegenheit hatten, einem Heilritual, der Austreibung böser Geister, persönlich beizuwohnen. Auch dieses Mal blieb uns nichts anderes übrig als die Menschen direkt anzusprechen. Und wieder war es eine zufällige Bekanntschaft, der wir unser Glück zu verdanken hatten.

Zuerst sahen Gulnur-apa und ich die Frau, als wir zu Fuß aus Chiwa in unseren Kischlak zurückkehrten. Sie ging vor uns auf der Straße. Klein und zierlich, trippelte sie mit raschen, kaum merklichen Schritten vor uns her; das weiße weite Kleid wehte wie eine Fahne, sie schwebte förmlich über den Boden. Wir schlossen zu ihr auf, gingen neben ihr her und begannen eine Unterhaltung.

Sie war über fünfzig Jahre alt, was durchaus nicht zu ihrem leichten, schwebenden Gang passen wollte. In dem sonnenverbrannten Gesicht voller kleiner Fältchen leuchteten große, schwarze Augen. Ja, sie sei auf dem Weg von Chiwa nach Hause, erzählte sie. Ihre jüngste Tochter arbeite in der Stadt im Krankenhaus, die habe sie besucht. Es stellte sich heraus, dass Tochta-apa, so hieß unsere neue Bekannte, im benachbarten Kischlak bei ihrer ältesten Tochter lebte und dort ihren Enkel hütete. An einer Wegbiegung blieb sie stehen, kramte in ihrer Handtasche, gab jedem von uns einen eingewickelten Schokoladenbonbon und nahm uns das Versprechen ab, sie einmal zu besuchen. Wie viele zufällige Bekanntschaften haben wir in diesen Jahren gemacht, und erstaunlicherweise gerieten wir dabei fast ausnahmslos an Menschen, die für uns interessant waren.

Tochta-apa war eine Frau mit einem ungewöhnlichen und tragischen Schicksal. Wir lauschten ihr mit angehaltenem Atem, als wir sie zwei Tage darauf in ihrem Dorf besuchten. Ein kleines, sauberes Zimmer mit frisch geweißten Wänden. Sorgfältig arrangierte Decken und Kissen. Ein auf dem Boden ausgebreitetes Tuch – das Dastarchan – mit einem bescheidenen Mahl. Es war niemand weiter zu Hause. Von Zeit zu Zeit schaukelte Tochta-apa ihren Enkel in der Wiege. Sie sprach leise, mit häufigen Pausen, war in Gedanken sichtlich bei dem, was sie durchgemacht hatte. Das allerdings hätte für mehrere solcher zarten kleinen Frauen gereicht.

Seinen Anfang nahm alles in dem schweren Jahr 1943, als Tochta-apa die Nachricht vom Tode ihres Mannes erhielt. Einen Monat darauf fiel ihr Erstgeborener, ihr geliebter Anwar, an der Front. Tochta-apa schrie und weinte nicht, sie raufte sich nicht die Haare und zerkratzte sich nicht das Gesicht, wie andere Frauen es taten. Sie versteinerte förmlich. Eine Woche lang saß sie im Halbdunkel des Zimmers in vollkommener Erstarrung und nahm nichts um sich herum wahr.

Nur dass die Uhr an der Wand so laut tickte, weiß sie heute noch. Die Nachbarn kümmerten sich um sie, ihre Töchter, die noch zur Schule gingen, übernahmen alle Arbeit im Haus. Die Tränen kamen später, doch Erleichterung brachten sie nicht.

Nach einer Weile ging Tochta-apa wieder zur Arbeit. Wie früher jätete sie mit den anderen Frauen die Baumwollfelder, aber sie bemerkte weder die Pflanzen noch ihre Hände noch die Menschen um sie herum. Der Kummer hatte sie vollständig vereinnahmt.

Damals begann die Zeit ihres Umherwanderns. Es hielt sie nicht zu Hause, sobald sie auf Drängen ihrer Töchter flüchtig etwas gegessen hatte, verließ sie das Haus. Den Menschen ging sie aus dem Weg. Ziellos, ohne etwas um sich herum wahrzunehmen, wanderte Tochta-apa durch die Felder, am Bewässerungsgraben entlang, und bog in den erstbesten Weg ein. Darbadar – die Vagabundin – so nannten sie die Leute. Wenn man von einer Anhöhe aus den Blick schweifen ließ, war ihre kleine Gestalt immer irgendwo in der Ferne auszumachen – bald am Friedhof, bald auf dem Staudamm oder hinter dem Dorf am See, wo die Frösche sich die Seele aus dem Leib schrien. Irgendwo hier fanden die Töchter sie und führten sie nach Hause.

Es war eines Abends, als aus dem Kischlak der erste Dunst aufstieg und die schnurgerade aufgereihten Maulbeerbäume lange Schatten warfen. Tochta-apa war gerade auf der Höhe des Ölweidendickichts beim Friedhof. Es war still. Plötzlich brach etwas mit schrecklichem Getöse aus dem Gebüsch hervor und stürzte sich auf sie. Tochta-apa sah nur noch das schreiende Maul eines Esels, bevor sie ohnmächtig in den Straßenstaub sank. Als ihre Töchter sie fanden, war sie schon wieder bei Bewusstsein, verharrte aber regungslos. Sie konnte weder ihre Töchter noch die Lichter des Kischlaks sehen – sie war erblindet.

Die herbeigeströmten alten Frauen waren sich einig über die Ursache des Übels. Schließlich ist allgemein bekannt, dass die Ölweide der Lieblingsplatz der bösen Geister, also der Dschinns, ist, und dass die Dschinns besonders gern die Gestalt von Tieren annehmen. Diesen von Generation zu Generation weitergegebenen Volksglauben musste natürlich auch Tochta-apa gekannt haben; zweifellos war in einem verborgenen Winkel ihres getrübten Bewusstseins dieser Gedanke herumgegeistert, als sie an dem Weidendickicht vorüberkam.

Eine junge Lehrerin brachte Tochta-apa zu dem Arzt, der aus Chiwa zur Sanitätsstelle des Kischlaks gekommen war. Der hörte Tochta-apas Erzählung aufmerksam an, untersuchte lange ihre Augen, wiegte den Kopf und erklärte, das Sehvermögen könne ebenso plötzlich zurückkehren wie es verloren gegangen sei.

Das Sehvermögen kehrte nicht zurück, aber Tochta-apa erwachte aus ihrer Erstarrung. Sie dachte voller Entsetzen an sich und ihre Kinder und weinte viel. Ihre bisherige Gleichgültigkeit wich ständiger Angst. Tochta-apa fürchtete sich vor allem. Sie erschrak vor den Schritten auf dem Hof, vor jedem lauten Wort, vor dem Bellen der Hunde. Sogar die Stille im Haus schien ihr bedrohlich. Sie wurde von panischem Entsetzen gepackt, als ihre Schwägerin, die Frau ihres ältesten Bruders, die im benachbarten Kischlak wohnte und sie oft besuchte, ihr mitteilte, dass bald eine Schamanin käme, um den bösen Geist, der sich in Tochta-apas unglücklichem Kopf festgesetzt habe, auszutreiben. Die Vorbereitungen nahmen beinahe zwei Wochen in Anspruch, und in dieser ganzen Zeit war Tochta-apa halbtot vor Angst. Sie hatte noch nie im Leben einem Heilritual der Schamanen beigewohnt, hatte aber von ihrer Mutter und den alten Frauen im Dorf nur Schreckliches darüber gehört und von Kind an nichts so sehr gefürchtet wie die Parchan, die einheimischen Schamaninnen und Schamanen. Ihre Schwägerin brachte sie in das Haus, in dem die Austreibung der Geister stattfinden sollte. Tochta-apa wurde in die Mitte des Zimmers geführt; sie hörte, wie sich viele Menschen um sie versammelten. Die Schwägerin, die hinter ihr stand, erzählte ihr leise, was vor sich ging, und erklärte, was die einzelnen Handlungen der Schamanin bedeuteten.

Drei Tage vor dem Ritual war die Schwägerin nach Chiwa zu einem Wahrsager, einem Folbin, gegangen, der in eine Schale mit Wasser geschaut und dabei verfügt hatte, welches Tier den Geistern als Opfer dargebracht werden solle und aus wie vielen Etappen (*dawr*) die Zeremonie zu bestehen habe. Die Schamanin, eine bereits betagte Frau, brachte man aus Sajat herbei. Ungeachtet ihres Alters besaß sie in der Welt der Geister großen Einfluss, wie es hieß.

Vor allem mussten die Pari, die Geistergehilfen, und ihre Heerscharen (*laschkar*) herbeigerufen und in den Raum gelockt werden, in dem die Heilung stattfinden sollte. Die Schamanin rief lange und beharrlich nach ihnen, wobei sie sich bald zu den geöffneten Türen, bald zum Rauchabzug in der Decke hinwandte. In ihren Rufen wurden zuerst die bekannten choresmischen Heiligen erwähnt, dann folgte eine Aufzählung der Pari-Gehilfen.

Die Geister mussten so im Raum postiert werden, dass sie nicht untätig herumlungerten, sondern sich auf den Angriff vorbereiteten. Dafür waren an den Wänden zwei Stoffbahnen aufgehängt worden: ein weißer Stoff für die männlichen Pari und ein roter für die weiblichen. Nun begann das Wichtigste: die Vorbereitung zum Angriff auf die feindlichen Kräfte; zunächst musste die Aufmerksamkeit der Pari auf die Kranke gerichtet und dann im richtigen Moment ihre Armee auf die Dschinns losgelassen werden, die sich in dem unglückseligen Körper eingenistet hatten.

Tochta-apa krümmte sich zusammen, als die Schamanin, nachdem sie mit der Rahmentrommel auf die beiden Stoffbahnen geklopft und die Pari „eingesammelt" hatte, an sie herantrat und ihr etwas auf Kopf und Schultern zu streuen schien. In diesem Augenblick nahm sie die Erläuterungen ihrer Schwägerin kaum mehr war. Sie war nicht mehr dazu in der Lage. Einzelheiten erfuhr sie erst im Nachhinein.

Die Kampfhandlungen zu eröffnen gelang nicht sofort: Die Pari sind entsetzlich eigensinnig, widerspenstig und auf den eigenen Vorteil bedacht. Man musste ihnen zuerst zu essen geben und ihre Wut auf den Feind entfachen. Ein Mann trat ein und brachte ein Huhn, dem er auf Tochta-apas Schultern die Kehle durchschnitt. Sie fühlte, wie eine warme Flüssigkeit ihr in den Kragen lief. Angelockt von dem Blut, umringten die Pari sie jetzt. Die Schamanin aber schüttelte immer neue Geister aus der Trommel.

Nachdem sie sich davon überzeugt hatte, dass die Schlacht begonnen hatte und die Linien des Feindes ins Wanken geraten waren, kümmerte sie sich um Rückzugsmöglichkeiten für die bösen Dschinns. Eins nach dem anderen packte sie verschiedene Tiere, die ihre Gehilfin ihr reichte, an den Füßen – eine Katze, einen jungen Hund und ein Huhn, schlug sie der Kranken um die Schultern, beschrieb mit ihnen einen Kreis um Tochta-apas Körper und warf sie beiseite.

Jetzt kam der entscheidende Moment. Die Schamanin musste unterstützt werden. Alles ringsum geriet in Bewegung. Einige der Anwesenden stellten sich im Kreis auf, legten einander die Hände auf die Schultern und bewegten sich langsam vorwärts. Dabei riefen sie immer wieder laut die Worte *haq*! und *hu*![3] Das Scharren und Stampfen, das Hände-

---

[3] *haq* (arab. „Wahrheit") ist einer der 99 Beinamen Gottes, *hu* (arab. „Er") steht ebenfalls stellvertretend für „Gott". Die rhythmische Wiederholung von Formeln (*zikr*) und/oder den Beinamen Gottes ist charakteristisch im Sufismus. Eine in Mittelasien gebräuchliche Formel des meditativen Gottgedenkens lautet *huwa-haq* („Er ist die Wahrheit"). Siehe hierzu auch den Beitrag von Lutz Rzehak in diesem Band (S. 117-118).

klatschen und der heisere Gesang, die dumpfen Schläge auf die Trommel – all das schien jedem Moment auf Tochta-apa hereinzustürzen. Sie sank zu Boden und presste das Gesicht an die Erde. Das Entsetzen erfüllte sie wie ein körperlicher Schmerz; für eine Weile verlor sie das Bewusstsein.

Wie viel Zeit verging – fünf Minuten oder eine halbe Stunde, sie wusste es nicht. Als sie wieder zu sich kam, konnte sie lange nicht begreifen, was sie irritierte. Vor ihren Augen in der seit langem gewohnten Dunkelheit schimmerten unerklärliche Fäden. Tochta-apa bewegte die zitternde Hand vor ihren Augen und begriff erst in diesem Augenblick, dass sie auf einem Ziegenfell am Boden lag. Das Sehvermögen war zurückgekehrt, doch die Freude darüber überkam sie noch nicht gleich; sie war zu entkräftet.

Sie hob das Tuch, das ihren Kopf bedeckte, ein wenig an. Ja, sie hatte sich nicht getäuscht: Sie konnte wieder sehen.

Die Gesichter der Menschen schimmerten bleich in dem Halbdunkel, das um sie herum herrschte. Lediglich in der Mitte, wo sie saß, warf die Petroleumlampe einen großen Lichtkreis. Ein Stück entfernt, am Herd, stand die Schamanin und erwärmte die Trommel. Alle ruhten sich aus. Tochta-apa erkannte niemanden, erst als sie sich umblickte, sah sie ihre Schwägerin. Die Frauen umarmten einander und begannen zu weinen.

Dann kam die Abschlusszeremonie – die Kutschurma. Der Feind war geschlagen, musste aber noch endgültig aus dem Körper der Kranken vertrieben werden. Tochta-apa wurde auf den Rücken gelegt; man bedeckte sie mit weißem Stoff wie eine Tote und stellte um sie herum selbstgedrehte Kerzen aus Baumwollwatte auf. Die Schamanin klopfte mit der Trommel Tochta-apas Körper ab, vom Kopf bis zu den Zehen, und sprach dabei vor sich hin: „Weiche in eines Hauses Ruinen! Fahre in den alten Schöpfrad-Brunnen! Fahre in ständige Behausungen!" Die bösen Geister zeigten die Zähne, hatten jedoch ihre frühere Macht bereits eingebüßt und jagten nach Norden davon.

Am nächsten Morgen, es war noch nicht hell und die Menschen im Dorf schliefen noch, führte die Schamanin Tochta-apa an einen versteckten Ort im Innenhof ihres Gehöfts und nahm hier mit Hilfe einer brennenden Fackel eine Feuer-Reinigungs-Zeremonie vor, die die ganze „Heilung" vollendete.

Am Abend versammelten sich die alten Frauen aus der Nachbarschaft bei Tochta-apa und erörterten leidenschaftlich das am Abend zuvor Erlebte. Tochta-apa, die ja nichts von alledem hatte sehen können, erfuhr so, was sich ereignet hatte. Besonders fasziniert waren die Alten davon, dass die Schamanin mit den bloßen Füßen auf die Klinge zweier Schwerter gesprungen war, die sie eigens mitgebracht hatte und die von zwei Männern waagerecht einen Meter über dem Boden gehalten worden waren, sowie von der Tatsache, dass sie mit der Zunge an glühendem Eisen geleckt hatte. Derart effektheischende Aktionen konnten sich nur erfahrene und gut trainierte Schamanen erlauben.

Seitdem waren mehr als zehn Jahre vergangen und die Zeit hatte Tochta-apas Kummer gemildert. Von dem, was sie durchgemacht hatte, erzählte sie ruhig und abgeklärt, als sei das alles nicht ihr selbst widerfahren. Ob ihr klar war, was der eigentliche Grund für die plötzliche Rückkehr ihres Sehvermögens gewesen war? Begriff sie, dass ihre nervliche Überanspannung einer Entladung bedurfte, einer Art Schock, und dass der Hauptanlass, der diesen Schock auslöste, das Ritual war, das sie so sehr erschüttert hatte? Wohl schwerlich. Doch auf meine Frage hin fielen ihr nach einigem Nachdenken die Worte des Arztes wieder ein, der vorhergesagt hatte, die Blindheit könne plötzlich wieder vergehen.

Eines Tages lernten auch wir eine Schamanin kennen. Es war reiner Zufall. Wir hatten gerade in den Kischlaks bei

Schawat zu tun und waren zu Fuß unterwegs, um die Ruinen der Stadt Kath am linken Ufer des Amudarja zu besichtigen, deren wenige verbliebene Bewohner in die benachbarten Kolchosen umgesiedelt worden waren. Unterwegs unterhielten wir uns mit unserem Begleiter, einem Einheimischen, und fragten ihn unter anderem, was er über Schamanen wisse. Anstelle einer Antwort lief der junge Mann zu dem Bewässerungsgraben, der den Weg von dahinter liegenden Baumwollfeld trennte, und musterte die Gruppe von Frauen, die dort jätete. „Da ist sie!", rief er. „Wer – sie?", fragten wir erstaunt und erfuhren, dass unter den Arbeiterinnen eine Schamanin war, genauer gesagt, eine ehemalige Schamanin, denn ihre Praxis war eingegangen.

Die Ruinen von Kath mussten warten. Wir ließen uns unter einem Baum nieder und lauerten, wie Jäger auf der Pirsch, unserem nichtsahnenden Opfer auf. Als die Arbeiterinnen Pause machten, holte unser Begleiter sie zu uns. Sie war Anfang vierzig, von ihrem Äußeren her unauffällig, hager, etwas gebeugt und wirkte sehr nervös: Ihre Augen huschten unruhig hin und her und ihre Hände nestelten unaufhörlich an ihrem Kopftuch herum. Sie hieß Rausa-apa.

„Nennen Sie mich Rosa!", sagte die Schamanin und lächelte uns an. Sie beruhigte sich rasch, als sie erfuhr, wer wir waren, doch dieser cleveren und vorsichtigen Frau etwas Wesentliches zu entlocken war äußerst schwierig. Wir wollten die Namen der Geister wissen, die die Schamanen hier bei ihren Ritualen als Gehilfen herbeirufen. Es stellte sich heraus, dass sie größtenteils namenlos sind und man sich umschreibend an sie wendet.

„Oh du, der du gehüllt bist in ein rotes Gewand mit Ärmeln, die auf der Erde schleifen, komm, komm und leiste mir Beistand!", rief Rausa-apa heiser und in einstudiertem Ton.

Weiter kamen wir mit ihr nicht. Die Schamanin Rosa war zu einem offenen Gespräch über Geister sichtlich nicht bereit. Wir hatten sie zu plötzlich überfallen. Zudem war die Schamanin selbst, wie wir innerhalb kurzer Zeit feststellten, stark mit rein irdischen Interessen belegt. Sie rechnete mehrmals nach, wie viele Arbeitseinheiten sie bereits verdient habe, und geriet vor Begeisterung schier außer sich, als sie uns die wunderbaren Seidenstoffe beschrieb, die die besten Baumwollpflückerinnen als Prämie erhalten.

Da fing Gulnur-apa plötzlich an zu stöhnen, sie presste die Hände an die Schläfen und klagte über Kopfschmerzen. Ich ahnte, worauf sie hinauswollte. Gulnur–apa hoffte, mit Hilfe einer kleinen List selbst in den Genuss einer schamanischen Behandlung zu kommen. Die Schamanin Rosa wurde augenblicklich ernst, zog aus ihrem Ausschnitt ein kleines Bündel, kramte eine ganze Weile darin herum und hielt Gulnur-apa schließlich eine Packung Kopfschmerztabletten hin. Eine absolut kuriose Geschichte.

Im zweiten Jahr unserer faszinierenden Exkursionen in die Welt der Geister war es für Gulnur-apa und mich an der Zeit, eine „erste Bestandsaufnahme" vorzunehmen. In Chanki, einer größeren Siedlung, in der wir uns lange Zeit aufhielten, machten wir uns an die Arbeit. Dort hatte sich um uns herum ein Aktiv von freiwilligen Helferinnen gebildet. Angesichts solcher Konsultantinnen konnten wir dem Ergebnis unserer Arbeit ganz beruhigt entgegensehen. Allerdings stellten wir fest, dass vieles bereits in Vergessenheit geraten war, und nicht selten zuckten die Frauen die Achseln, weil sie auf unsere Fragen keine Antwort wussten. Und wenn einer der Frauen irgendein wesentliches Detail wieder einfiel, waren alle ganz außer sich vor Begeisterung über ihr Gedächtnis und beneideten sie wohl auch ein wenig, wenn sie unter lebhafter Anteilnahme aller feierlich diktierte, während wir, die Nasen tief in unseren Feldtagebüchern, so eifrig mitschrieben, dass uns die Bleistiftminen brachen.

Selten verliefen unsere Gespräche ruhig und gesittet. Unsere Gesprächspartnerinnen waren schrecklich mitteilsam, sie erregten sich und diskutierten, bis ihnen die Stimme versagte, sie fielen einander ins Wort, stritten und versöhnten sich wieder. Stellt man sich nun dazu noch vor, dass manche in dringenden Angelegenheiten fortgingen, andere neu zu uns stießen, dass an Ort und Stelle zugeschnitten, genäht, gekocht und Fladenbrot gebacken wurde, schreiende Säuglinge gewickelt und an die größeren, allzu neugierigen Kinder nach rechts und links klatschende Klapse verteilt wurden, so ergibt sich ein ziemlich getreues Bild unserer „Symposien". Gleichwohl waren solche Gruppengespräche für uns besonders nützlich, weil wir so die Möglichkeit hatten, die gewonnenen Daten sofort zu überprüfen, und die Wahrheit wird bekanntlich im Streit geboren.

Anders verlief das Gespräch, wenn eine alte Frau aus dem Dorf, die hinsichtlich der Kenntnis von Gebräuchen und Ritualen als anerkannte Autorität galt, „auf einen Sprung vorbeischaute". Sie bekam einen Ehrenplatz, alles unterhielt sich nur gedämpft. Die alte Pythia sprach und die Jüngeren lauschten ehrerbietig. Die Frauen sortierten die Geister für uns äußerst treffend nach Aussehen, Gewohnheiten sowie nach dem Grad ihrer Bosheit und konnten uns eine Menge neuer Einzelheiten berichten. Hierbei zeigte sich ein bemerkenswertes Phänomen: Obwohl unsere Helferinnen es stets mit ein und derselben Kategorie von Geistern zu tun hatten, deren charakteristische Besonderheiten sie von ihren Großmüttern und Urgroßmüttern her kannten, ließen die Geister jeder einzelnen dieser Frauen Eigenarten erkennen, die der individuellen Persönlichkeit der jeweiligen Erzählerin entsprachen.

Obgleich Momodschan Mutter zweier bereits erwachsener Kinder war, haftete ihr immer noch etwas von jenem ungestümen jungen Mädchen an, das einst aus seinem Dorf weggelaufen war. Momodschans Geister waren ausgelassen und eigensinnig. Bei ihnen musste man sich auf die unerwartetsten Streiche gefasst machen, selbst auf solche, die ihnen gar nicht anstanden. Sie konnten aus heiterem Himmel jemanden mit Steinen oder Lehmbatzen bewerfen oder sie richteten in Abwesenheit der Hausherren regelrechte Verwüstungen an. Statt anständig über Asche- oder Misthaufen „herumzuschwirren wie die Stechmücken" verwandelten sich die Dschinns plötzlich in schwarze Katzen und sprangen durch offene Fenster, während Wasser-Pari aus unerfindlichen Gründen plötzlich auf dem Dach auftauchten. Die Geister von Momodschan folgten ihren spontanen Eingebungen und frohlockten, wenn es ihnen gelang etwas anzustellen, was dem Menschen die Sprache verschlug.

Die Geister der kränklichen, weinerlichen Hamida, deren fünf Kinder fortwährend über irgendetwas jammerten, waren träge und lästig wie die Mücken. Sie saugten sich an einem Menschen fest und quälten ihn wochenlang bis aufs Blut. Zu einem wirkungsvollen Manöver nicht fähig, griffen sie bei der erstbesten Gelegenheit hinterrücks an. Dabei waren Hamidas Geister so harmlos, dass sie einfach langweilig waren.

Ganz anders die Geister der Suleiha. Ich bezweifle, dass Suleiha überhaupt an irgendwelche Geister glaubte, aber sie war von unbändiger Wissbegier, und so erinnerte sie sich an sämtliche Klatsch- und Tratschgeschichten der alten Frauen und wusste darum einfach alles. Suleiha war beneidenswert lebensfroh, und so waren auch ihre Geister. Sie liebten ausgelassene Heiterkeit und ihr Witz kannte keine Grenzen; bisweilen war nicht zu erkennen, ob sie sich über einen Menschen, der ihnen zufällig über den Weg lief und mit dem sie alle möglichen Hokuspokus veranstalteten, lustig machen oder ihm schaden wollten.

Bei der akkuraten, gesetzten Schapira beruhte alles, was die Geister taten, auf exakter Berechnung. Niemals verletzten sie die traditionellen Verhaltensregeln, wie sie sich für Geister ziemten, sie waren affektiert und selbstgefällig. Nur solche Geister imponierten Schapira. Auf die Geister ihrer Freundinnen schaute Schapira gönnerhaft herab, wie auch auf die Freundinnen selbst: Schapiras Sohn studierte nämlich an der medizinischen Fakultät in Taschkent. Im Allgemeinen machte Schapira nicht viele Worte, doch wenn sie sah, wie unsere Augen aufleuchten, sobald die Rede auf Geister kam, hielt sie es nicht aus und stürzte sich ebenfalls ins Wortgefecht. Manchmal kam aus der Nachbarstraße ein altes Hutzelweib mit stechenden kleinen Augen zu uns hinüber. Ihre Geister folgten ihr auf dem Fuße: allesamt unglaublich böse wie die Alte selbst. Mit wahrem Genuss schilderte sie die schrecklichen Qualen, die die Geister denjenigen zufügten, die in ihre Netze gerieten.

Geister nach menschlichem Muster und Ebenbild! Wie hat Ludwig Feuerbach es einmal ausgedrückt – so ist es bei Friedrich Engels zu lesen: „Außer der Natur und den Menschen existiert nichts, und die höheren Wesen, die unsere religiöse Phantasie erschuf, sind nur die phantastische Rückspiegelung unsers eignen Wesens."[4] Diese Gesetzmäßigkeit begriff ich erst später. Vorerst lauschten wir unseren Erzählerinnen und schrieben all das nieder, was man zu jener Zeit noch festhalten konnte.

Aber schon damals, als ich in den 1950er Jahren in Choresm zu Geistern forschte, begannen diese von der Phantasie der Menschen erschaffenen Wesen zu verblassen. Die Figuren der Dämonologie verloren ihre individuellen Besonderheiten und verschmolzen zu dem, was mit dem verschwommenen Begriff der unreinen Kraft bezeichnet wird.

---

[4] Friedrich Engels: Ludwig Feuerbach und der Ausgang der klassischen deutschen Philosophie, in: Marx-Engels-Werke, Band 21, Berlin 1962, S. 271.

Auch die mit den Geistern verbundenen Rituale gerieten in Vergessenheit. Einmal erlebte ich, wie drei alte Frauen, die die häusliche Prozedur einer Heilung vom bösen Blick vorbereiteten, sich im Streit heiser schrien und sich gegenseitig aufs Übelste beschimpften, weil sie sich über die Reihenfolge der einzelnen Handlungen bei dieser Prozedur nicht einig waren. Selbst erinnerten sie sich an absolut nichts mehr und beriefen sich auf die Autorität einer gewissen Robija, die schon vor etlichen Jahren gestorben war. Sie stritten so lange, bis sie jegliches Interesse an der Zeremonie selbst verloren hatten. Am Abend, als das Wanderkino in den Kischlak kam, sah ich die drei wieder: Die alten Frauen verfolgten hingerissen die Vorführung eines italienischen Films.

Der Niedergang des Geisterglaubens war unaufhaltsam. Die Geister wichen zurück unter dem Druck der modernen Kultur in den Städten und Dörfern. Kaum jemand bringt heute noch eine Krankheit mit dem Wirken von Dschinns und Albasty in Verbindung. Selbst für die Alten, die als Hüter der Tradition gelten, ist die medizinische Wissenschaft inzwischen eine unangefochtene Autorität. Selbst ihnen sind heute die wahren Ursachen von Erkrankungen bekannt. Alte Frauen, die die Grippe haben, binden sich, bevor sie ihren Enkel auf den Arm nehmen, den Zipfel ihres Kopftuchs, um Mund und Nase. Ich besuchte einmal einen Bekannten, einen älteren Mann. Der begrüßte mich auf ungewöhnliche Art: Noch auf der Schwelle griff er nach einer Kleiderbürste und fing an, mich von Kopf bis Fuß zu säubern, was gar nicht zur Etikette der Gastfreundschaft passen wollte. Die Erklärung dafür erfuhr ich erst später von anderen: Der Alte hatte gehört, dass in dem Haus, in dem wir untergebracht waren, der kleine Sohn unserer Wirtsleute erkrankt war, und um zu verhindern, dass ich die Infektion in sein Haus trage, hatte er sorgfältig die Bakterien von meiner Kleidung abgebürstet.

Mit dem Glauben an Geister verschwand bald auch das Schamanentum von der Bildfläche. Da es keine Kundschaft mehr für sie gibt, fristen die letzten Schamanen ein Leben in Unbekanntheit. Einmal bat ich eine Bekannte, eine ältere Frau, die sich früher hin und wieder als Schamanin betätigt hatte, mir ihre Trommel zu zeigen, jenes unerlässliche Heilungsinstrument. Die alte Frau kramte eine ganze Weile vergeblich in der Kammer und schließlich stellte sich heraus, dass ihre Enkelin sich die Trommel genommen hatte und damit schon seit längerer Zeit bei Darbietungen des Schulzirkels auftrat.

Die Ära der Geister geht zu Ende. Und mag auch der Adschdar in ohnmächtiger Wut in seiner unterirdischen Höhle mit seinem Schwanz schlagen, weil er sich fürchtet, die Nase hinauszustrecken, mag auch der letzte zerzauste Dschinn an den Ruinen eines alten Hauses einem zerstreuten Passanten auflauern und mag die Albasty auf der Jagd nach Gebärenden und Neugeborenen zähneknirschend um die Geburtsklinik schleichen – vergeblich. Die Tage der Geister sind gezählt, der Glaube an sie stirbt aus.

Vielleicht werden diese Aufzeichnungen in zwanzig Jahren den Kindern von Choresm in die Hände fallen. Eine ihnen unbekannte, märchenhafte Welt wird sich ihnen eröffnen, und sie werden staunen, auf was für wunderliche Ideen der Verfasser damals gekommen ist.

Rauschan Kamalova: Die Heiler Karakalpakstans

Übersetzung aus dem Russischen Olaf Günther[1]

Ethnografische Erkundungen zu Fragen der Volksmedizin in Karakalpakstan, vor allem die Rolle der Heiler (*täwip*), fanden zu Sowjetzeiten faktisch nicht statt. Alle Arbeiten zum Thema hatten die sowjetische Ideologie vorgeschaltet; man sprach dann von Aberglaube und sah diesen im marxistisch-leninistischen Verständnis als Sünde an. Heute hingegen ist die Erforschung der Volksmedizin und ihrer charakteristischen Protagonisten, den Heilern, den heute als Chiropraktikern bekannten Knochenrichtern (*synykchi*) oder den Beschwörern (*duʿaxan*) sowie ihrer Methoden und Instrumente, kein Problem mehr.

Mich als Ethnographin interessierte jedoch die Frage, ob es in Zeiten der sowjetischen Herrschaft Heiler, Knochenrichter und Beschwörer gab und was mit ihnen geschah. Gibt es Nachfahren früherer Heiler, beschäftigen sich diese mit dem Erbe ihrer Vorfahren, und heilen diese Nachfahren vielleicht heute selbst? Existieren Legenden und Überlieferungen der früheren Heiler? Wie wurden sie gerade unter den ganz normalen Leuten wahrgenommen?

Jede Tradition formt ihre Träger. Damit macht diese sie von den anderen Mitgliedern einer Gesellschaft unterscheidbar, und gerade den Heilern sagte man unter den Karakalpa-

---

[1] Dieser Text beruht auf einem Eintrag aus Rauschan Kamalovas Feldtagebuch aus dem Jahr 2008, das sie im Rahmen ihrer Forschung zu den Heilern in Karakalpakstan in der Zeit der Sowjetunion geführt hat.

ken besondere Fähigkeiten nach. Sie waren Träger heiligen Wissens. Sie waren Persönlichkeiten, die man immer dann aufsuchte, wenn Not zu lindern war. Darüber hinaus umgab sie eine geheimnisvolle Aura, die sie mit ihrem Äußeren, ihrer Lebensart und ihrem Wissen und über natürliche und übernatürliche Kräfte nährte und bekräftigte. Allein der Gedanke, welch wichtige Stellung diese Heiler in der Gesellschaft hatten, verleitete mich zu der Annahme, dass Feldforschung und Gespräche in den Dörfern der Karakalpaken reiches Material zu Tage fördern würde.

Die erste Etappe bei der Ausbildung eines Heilers ist der Moment seiner Initiierung in die Traditionen dieses Berufes. Diese beginnt mit der Übertragung von Wissen durch andere Heiler und durch erste eigene Versuche zu heilen. Gerade von der Art der Weitergabe hängt ihre Bewahrung ab. Sie formt die Traditionen jedes Mal neu, trägt sie ins Leben, verändert sie aber auch und trägt damit zu einer Veränderung der Sichtweisen auf Medizin, Heiler und Heilprozesse bei. Um mehr darüber zu erfahren, machte ich mich in die verschiedenen Regionen Karakalpakstans auf, suchte Antworten auf meine Fragen, die ich mir erarbeitete, indem ich las, was damals zum Lesen zu kriegen war.

Zunächst fand ich die Aufzeichnungen von O. Kusekeev aus den 1930er Jahren, welche im Handschriftlichen Archiv der Bibliothek für Geschichte, Archäologie und Ethnographie Karakalpakstans der Akademie der Wissenschaften in Nukus lagern. Kusekeev war 1933 Forscher am Karakalpakischen Forschungsinstitut. Er sammelte Materialien im Bezirk Takhtakupyr und nahm an einer ethnografischen Expedition der Russischen Akademie der Wissenschaften, Institut für Ethnografie, unter der Leitung von A. A. Sokolova teil. Kusekeev berichtet in seinen handschriftlichen Aufzewichnungen von Syrymbet, einem Heiler und seinen Heilmethoden: „Syrmbet Jusup uly wurde im Jahr 1860 geboren, gehört zum Stamm der Mujten, Kungrad mit der Lineage Teli. Sein Vater war Fischer und lebte in dem Dorf, in dem ich ihn traf, gerade seit zwei Jahren. Zu diesem Zeitpunkt war Syrymbet 73 Jahre alt und heilte bereits seit etwa 15 Jahren. Darin unterrichtet hatte ihn niemand. Nach seinen Worten lehrten es ihn die *äruaq*, die Ahnengeister. Ein wenig half ihm dabei auch der Heiler Utegen aus dem Nachbardorf."[2]

Auch an einer anderen Stelle fand ich Aussagen, die belegten, dass während der Sowjetzeit Heiler aktiv waren. Hier ein kleiner Ausschnitt aus den Erinnerungen von Alpysbay Tureev: „Alpysbay Tureev wurde in einer Familie von Heilern geboren. Seine Vorfahren waren Bura täwyp, Kopa täwyp, Artyk täwyp, Kurban täwyp, Jusup täwyp und Töre täwyp, der Vater Alpysbays. Sie alle waren Heiler und heilten sogar den Chan von Chiwa. Als dann die große Hatz auf die Volksmediziner begann, versteckte Alpysbay seine Herkunft aus einer Heilerfamilie nicht."[3]

Auch zur Sowjetzeit praktizierten also in Karakalpakstan Heiler, gaben ihr Wissen von Generation zu Generation weiter, um so die Gesundheit der eigenen Nachkommen zu sichern. Auch wenn die sowjetischen Institutionen gegen diese "Überreste„ ankämpften, hatten die Heiler immer wieder Kundschaft, die nicht aufhörte, ihre Hilfe in Anspruch zu nehmen. Zur Zeit der Einführung der Sowjetmacht gab es kaum Institutionen der Schulmedizin in Karakalpakstan, ärztliche Versorgungsstationen oder Ambulatorien, die Kranken oder Verletzten eine erste medizinische Hilfe angedeihen lassen konnten. Auch kam hinzu, dass die neue Medizin als Medizin der Ungläubigen angesehen wurde: Unbekannte Substanzen und Praktiken verunsicherten die Leute. Die Angst vor Gesetzesübertritten im Islam war lange Zeit präsent. Alkohol

---

[2]Kusekeev O. - Ethnographie der KKASSR; Handschriftenfonds KKFA-NUz.SSR, Nukus 1933, S. 51-56

[3]Kamalov J., Tureeva G. „Ibadatli Šanarak" Nukus 1998, S. 10-11.

beispielsweise war gängiges Antiseptikum, aber im Islam verboten. Doch die Heiler waren in das lokale religiöse System eingebunden, deshalb hörten die Leute nicht auf, diese zu konsultieren.

Nachdem ich über traditionelle Heilmethoden in der Literatur gelesen hatte, ging ich Ende der 1990er Jahre das erste Mal „ins Feld" und forschte unter den damals in Karakalpakstan praktizierenden Heilern. Meine erste Etappe führte mich zu Ischan-kazi, den ich durch Erzählungen meines eigenen Vaters und von Freunden aus der Umgebung kannte. Als ich in seinem Dorf ankam, suchte ich dort zuerst meine eigene Verwandtschaft auf und fragte sie sogleich über Ischan-kazi aus. Meine Verwandten waren froh, dass ich mich des Themas Heiler und ihre Heilkünste annahm und unterrichteten mich sogleich, dass Ischan-kazi derzeit keine Patienten annehme, denn Annahmetage für Kranke waren bei ihm ausschließlich die Donnerstage. Morgen könne ich aber mit ansehen wie er Kranke heilt, und heute solle ich mich ruhig schon mal mit ihm unterhalten.

Nachdem ich mit meinen Verwandten fertig geschwatzt hatte, machte ich mich auf zum Haus des Heilers. Das alte Anwesen Ischan-kazis lag auf einer sandigen Anhöhe. Von weitem schon sah ich einen älteren Mann, der sich mitten in einer rituellen Reinigung befand. Augenscheinlich bereitete er sich auf das Nachmittagsgebet vor. Vor dem Haus empfing uns seine Enkelin und meinte, wir sollen einfach im Schatten eine halbe Stunde warten, bis ihr Großvater mit dem Beten fertig sei. Wenig später kam Ischan-kazi zu uns, ein kleiner alter Mann, mit schütterem Haar, weicher Intonation, zitternden Händen, aber sehr lebendigen Augen. Wir begrüßten uns, und ich erklärte ihm den Grund meines Besuches. Er schwieg eine Weile, dann begann er mich auszufragen: „Woher kommst Du, wessen Kind bist Du, zu welcher

Stammesgruppe gehörst du, womit beschäftigst Du Dich?"
Als er den Namen meines Vaters hörte, rief er aus:

„Es scheint so, als seien wir eine gemeinsame Familie, Töchterchen!"

„Erlauben Sie uns, bei ihren Seancen anwesend zu sein?", fragte ich ihn.

„Sicher, kein Problem, ich habe vor niemandem etwas zu verbergen. Heute kann ich gerne noch mit Dir plaudern, morgen aber werde ich den ganzen Tag Patienten empfangen und normalerweise bin ich danach so erschöpft, dass ich mich erst einmal länger ausruhen muss. Naja, das wirst Du ja morgen selber sehen. Wenn Dich etwas besonders interessiert, dann sage es. Ich werde alle deine Fragen sehr gerne beantworten. Du wirst sehen, die Zeit vergeht wie im Flug."

„Wann haben Sie denn angefangen zu heilen?"

„Angefangen habe ich mit 21 Jahren. Ich bin davor ernsthaft krank gewesen. Als ich 15 war, ist ein Kalb vom Lastwagen auf mich draufgefallen und schädigte mir die Wirbelsäule. Ich verlor das Bewusstsein. Und als ich so dahin dämmerte, sah ich einen alten Mann, ganz in weiß gekleidet. Er nahm mich an die Hand und zeigte mir dies und das. Ich kann mich gut daran erinnern, dass er sagte: „Du wirst die Leute heilen, du wirst den Leuten helfen." Da bei uns kein Krankenhaus in der Nähe war, brachten meine Eltern mich zum Heiler in ihr Heimatdorf. Dieser heilte mich und auch er sagte, es werde die Zeit kommen, da werde auch ich als Heiler praktizieren. Aufgrund der Traumata, die mit der Verletzung der Wirbelsäulen zu tun hatten, konnte ich nichts lernen. Ich kann bis heute nicht lesen oder schreiben, weder arabische noch russische Buchstaben. Erst nach einer langen Zeit der Heilung konnte ich langsam wieder anfangen zu laufen und zu reden. Den Segen für meine Heilberufung gab mir Peri-

Ischan, selbst ein Heiler. Er war eine starke Persönlichkeit und sehr geachtet im Dorf."

„Mit welcher Methode heilen Sie?"

„Ach, die Methode, hmmm, das ist ganz einfach. Sie heißt *dem saldyj* und wurde mir von meinem Großvater Mullahdschuma beigebracht. Er hatte eine Moschee in unserem Dorf, unterrichtete dort die Kinder. Er hatte selbst in der Stadt Muzari gelernt. Mein Großvater hinkte und die Leute nannten ihn Aksak-Ischan. Nachdem sie die Genossenschaften hier aufbauten und die Moscheen schlossen, fing mein Großvater mit eben jener Methode an zu heilen. Nach und nach lehrte er auch mich diese Methode. Dann aber hatte ich den Unfall, und so konnte ich ihm nicht mehr helfen. Aber ich habe alles gesehen und habe mir gemerkt, was er da tat. Wenn ich selbst nicht heile, werde ich krank. Heute ist Mittwoch und ich merke schon, wie ich erkranke. Ich habe Kopfschmerzen und mein Rücken tut weh. Erst nachdem ich die Kranken morgen geheilt habe, wird es mir wieder besser gehen. Deshalb muss ich unbedingt heilen, um selbst nicht krank zu werden."

„Und die Leute, die zu Ihrem Großvater kamen, um sich heilen zu lassen, waren die aus Ihrem Dorf oder auch aus anderen Dörfern?"

„Die kamen aus unserem Kreis, manche kamen aber auch aus anderen Kreisen. Einige, die durch mich gesund wurden, kamen dann mit ihren kranken Verwandten zu mir. Und nun bringen sie alle, nachdem ich sie geheilt habe, ihre Angehörigen zu mir. Zu mir kommen gerade Leute aus allen Bevölkerungsgruppen."

„Und wie hat die Sowjetmacht Ihren Großvater und Sie selbst behandelt?"

„Als mein Großvater praktizierte, da haben sie ihm das natürlich verboten. Aber aus dem Kreisrat kamen sie nicht bis hierher raus. Sie hatten offensichtlich Besseres zu tun.

Und Kranke haben sich nie über uns beschwert. Damals gab es ja kaum Ärzte, das war nicht wie heute. Jetzt gibt es viele Ärzte und Krankenhäuser. In den 1950er Jahren kamen zu mir Mitarbeiter der Polizei des Kreises und zerstörten mein ganzes Hab und Gut. Sie zertraten mir auch die Opiumpflanzen, die ich im Garten zu stehen hatte. Ich nutze ja Opium [zum Heilen], und der Bagger, den sie mitbrachten, sollte das Opium ausreißen. Ich stellte mich zwischen die Pflanzen und den Baggerfahrer und herrschte sie an aufzuhören. Der Baggerfahrer stellte den Motor an, doch der sprang nicht an. Und als er den Bagger ein weiteres Mal anschmeißen wollte, da zerriss ihm die Kette. Der Baggerfahrer bekam es mit der Angst zu tun und weigerte sich trotz Geheiß der Polizei weiterzumachen. Der Kreispolizeivorsitzende riss die Pflanzen dann eigenhändig raus. Darauf erkrankte er und starb zwei Tage später. Man hätte auf mich hören sollen und sich nicht an meinem Mohn vergehen. Ich weiß nicht, aber vielleicht war es eine Strafe Gottes. Nach dieser Aktion jedoch kam keiner mehr zu mir und störte hier meine Heilpraxis. Ganz im Gegenteil, immer mehr Leute kamen und wollten sich von mir behandeln lassen. Es gab nie eine Beschwerde von ihnen."

Der nächste Heiler, den ich aufsuchte, war der Heiler Orazbaj Muhammedov. Er war Jahrgang 1945 und wohnte im Tachtakupir-Kreis. Ich kam abends bei ihm an, doch er schien nicht zu Hause zu sein. Seine Frau war jedoch da und sie führte mich in das Gästezimmer. Ihr Mann komme gleich, und so lange könne ich ja noch hier sitzen und auf ihn warten, sagte sie. Ich musste wirklich nicht lange warten. Orazbaj kam schon nach einer halben Stunde, brachte sich in Ordnung, wusch sich auf dem Hof, kämmte sich die Haare und setzte sich zu uns in die gute Stube.

Wir begrüßten uns und fragten nach Haus- und Hofangelegenheiten und ich erzählte ihm den Grund meines Besuches.

Darauf schaute uns Orazbaj bedächtig an und sagte: „Ich behandle schon lange niemanden mehr, und selbst die Leute aus meinem Dorf haben mittlerweile vergessen, dass ich einmal heilte." Während wir plauderten, brachte uns seine Frau grünen Tee und bewirtete uns. Ich stellte ihm eine weitere Frage: „Warum haben Sie mit dem Heilen nicht weitergemacht?" Orazbaj schwieg lange und begann dann seine Geschichte:

„Mein Vater war ein Schamane und heilte die Leute mit Seancen, sogenannten Zikr. Ich erinnere mich aus meiner Kindheit an Frauen, die nicht schwanger werden konnten oder andere Unpässlichkeiten hatten. Mein Vater sammelte ein paar Kräuter, machte Feuer inmitten der Jurte und begann abends mit seiner Heilung. Mein Vater lief über ausgelegte Kohlen, spielte seine Dutar, leckte an glühenden Suppenkellen und rief seine Hilfsgeister zu sich. Mit der Knute schlug er auf den Rücken von Patienten, vertrieb so die bösen Geister aus ihren Körpern. Nach solchen Prozeduren gab er seinen Patienten verschiedene Kräuter, die sie einnehmen sollten. In meiner Kindheit habe ich mich nicht um die Arbeit meines Vaters gekümmert, aber später interessierte ich mich dann doch für seine Kräuterheilkunde: Welche Kräuter verabreichte er wann zu welchem Zweck? Die Heilkunst ist wahrscheinlich von meinem Vater auf mich gekommen. Ich hatte nie ein schriftliches Lehrbuch oder Anweisungen für meine Heilpraxis, genauso wenig wie mein Vater. Ich merkte mir einfach alles, was er mir erzählte. Ich fuhr dann in die Stadt, um Künstler zu werden. Ich wollte Bildhauer werden, aber ich wurde nicht angenommen. Also meldete ich mich im Technikum für Bauwesen. Ich lernte, bekam meine Zeugnisse, fuhr zurück nach Hause und fand dort Arbeit. Eines Tages bat mein Vater mich, ihn in die Steppe zum Kräutersammeln zu begleiten. Das war am Anfang des Frühlings. Als ich nach etwa einem Monat mit meinem Vater wieder vom Kräutersammeln nach Hause zurückkehrte, erfuhr ich, dass man mich in der Zwischenzeit von meiner Arbeitsstelle entlassen hatten. Was sollte ich also tun? Ich konnte nur noch meinem Vater bei den Kräutern helfen und zu Hause mit anpacken. Mein Vater war zudem auch Chiropraktiker. Dieses Wissen wollte er eigentlich an meinen jüngeren Bruder weitergeben, doch dieser starb unvermittelt. Bald darauf starb auch mein Vater. Ich war nun mit meinem Wissen und den wenigen praktischen Kenntnissen allein. Die Leute begannen dennoch, zu mir zu kommen. Ich heilte aber nur mit Heilkräutern, nie mit Hilfe von Seancen. Ich nutzte dafür einen eigenen kleinen Raum. Dieser war mit dem übrigen Wohnhaus nicht verbunden. Hier konnte ich die Patienten empfangen, Kräuter trocknen und die Medizin zusammenstellen. In dieser Zeit lebte ich in der Kreisstadt von Tachtakupir.

1976-77 begannen sie, den Heilpraktikern nachzustellen. Auch ich fiel unter die Strafandrohungen. Zu uns nach Hause kamen Mitarbeiter des Kreisrates, sie nahmen meine Praxis auseinander, sie machten Krach, zerschlugen alles Geschirr und verbrannten meine trockenen Heilkräuter. Ich weiß nicht mehr, wie ich aus dem Haus kam, aber ich rannte aus Wut über solche Boshaftigkeit und Schlechtigkeit in die Steppe. Ich landete auf dem Friedhof *Anden baba (Atkol baba)* und blieb dort einen ganzen Monat. Ich hungerte. Es gab kein Wasser. Ich ernährte mich vom Schilf, so konnte ich meinen Durst ein wenig stillen. Eines Tages, ich dämmerte im Halbschlaf oder vielleicht schlief ich bereits, da träumte mir von einem ganz in weiß gekleideten Mann. Er gab mir Karten in die Hand und sagte: „Von nun an wirst Du weissagen!" Dann befahl er mir, ich solle nun wieder nach Hause gehen. Als ich dort ankam, warf mich meine Frau aus dem Haus. Sie dachte, ich sei verrückt geworden, mein Beruf würde die Familie ruinieren, ich sei ein Scharlatan und so weiter. So musste ich in eine andere Kooperative fahren, dort wohnten meine Verwandten. Schon vor meiner Ankunft wurde ich ernsthaft krank, hatte hohen Blutdruck und meine Hände versagten. Ich wurde lange behandelt, aber alle Behandlungen schlugen fehl. Dann hielt ich mich an meine eigenen medizinischen Künste, ließ mich selbst zur Ader. Da spürte ich meine Arme und Hände wieder, konnte sie langsam wieder benutzen. 1980 fing ich an, mit Hilfe der Karten weiszusagen. Bis heute mache ich das. Zu mir kommen Leute aus allen Ecken Usbekistans. Die meisten wollen wissen, wo abhandengekommene Verwandte abgeblieben sind oder abhandengekommenes Vieh. Manchmal kommen Frauen mit kranken Kindern. Diesen kann ich meine Heilung nicht versagen. Diese versuche ich immer zu heilen. Bis heute erinnern sich die Leute an meine vergangenen Heilkünste und bitten mich, ihnen zu helfen."

„Und wenn jetzt hier und heute Leute zu Ihnen kommen würden, damit Sie helfen, würden Sie sie dann behandeln?" fragte ich.

„Nun ich weiß nicht, wenn jetzt Mütter kommen mit ihren kranken Kindern, dann versuche ich zu helfen, wenn es nicht aus Verwahrlosung heraus geschehen ist. Manchmal kommen echte Rabenmütter zu mir, und da kann ich dann auch nichts tun. Diesen Müttern sage ich immer, sie sollten zu einem Arzt gehen. Wenn es aber eine leichte Krankheit ist, dann versuche ich immer zu helfen. Meistens kommen sie mit den Kindern, die der böse Blick getroffen hat. Das habe ich nicht vergessen, wie man dieses Problem heilen kann."

„Was glauben Sie, warum gehen manche Leute lieber zu einem Heilpraktiker, als die Ärzte und Spezialisten aufzusuchen?"

„Ich glaube, das liegt daran, dass unsere Ärzte sich kaum mit den Kranken beschäftigen. Die Patienten gehen zum Arzt und sitzen dafür lange in einem Wartezimmer. Dann kommen sie in die Praxis und hier sitzt der Arzt und macht seine Schreibarbeiten. Auch hier warten sie wieder. Wenn Patienten zu mir kommen, dann unterhalten wir uns erst einmal lange miteinander und ich höre mir ihre Sorgen an. Der Arzt jedoch schaut sich den Kranken nur kurz an, gibt ihm irgendein Rezept oder überweist ihn gleich in ein Krankenhaus. Aber unsere Leute haben gar kein Geld, die Medikamente zu kaufen, die ihnen der Arzt da aufschreibt. Bei uns Heilern kommt alle Medizin aus den Kräutern und diese sind nicht teuer. Und was die Behandlungskosten betrifft, da haben wir ja auch keine Tarife, die festlegen, was sie zahlen müssen. Manchmal behandle ich auch umsonst. Das kommt ganz auf ihre Situation an. Und die anderen Heiler, die es so gibt, die ziehen den Kranken auch nicht das Fell über die Ohren."

Während meiner Feldforschungen zu den Heilern erfuhr ich, dass es in Karakpakistan auch Heilerinnen gab. Im Dorf Qara Oj im Tachtakupir-Kreis traf ich mich mit einer Enkelin des oben genannten Syrymbet, Nigar-apa Dschumamuratow. Als ich mich mit ihr traf, vertraute mir Nigara-apa folgende Geschichte an: „Ich bin die Enkelin des Heilers Syrymbet. Meine Mutter war seine Tochter. Ich wurde 1932 geboren, im Jahr des Affen, so sagte es mir meine Mutter. Nach der Linie des Vaters bin ich die Tochter Dschumamurats, aus dem Stamm der Mujten-kentanau.", „Und haben Sie ihren Großvater selbst noch gekannt?"

„Mein Großvater war ein bekannter Heiler, seine Tochter, Bidschan-apa (1902-1977), praktizierte ebenfalls als Heilerin. An meinen Großvater kann ich mich nicht erinnern. Ich kenne ihn nur aus den Erzählungen meiner Mutter. Mein Großvater konnte mit der Nase diagnostizieren. Er heilte die Kranken, die an leprösem Aussatz erkrankt waren, solche Kranke ließ er zur Ader. Er band Kranke auch an Bäume, er ritzte Kranke mit einer hölzernen Nadel, an bestimmten Stellen des Körpers legte er zusätzlich zu den Ritzungen Heilkräutermischungen in die Wunden. Sie wissen ja vielleicht, dass bei einem muslimischen Arzt keine metallenen Instrumente erlaubt waren. Den Körper sollte nie ein eisernes Instrument berühren, kein Messer oder Ähnliches. Das galt als unrein (*haram*). Die Methode des Ritzens mit einer Holznadel konnte bei verschiedenen Krankheiten angewandt werden."

Nachdem sie ein wenig in sich gekehrt war, fuhr sie fort: „Und jene Frauen, die nicht schwanger werden konnten, die behandelte mein Vater mit der Steppenraute (*Peganum harmala*), er setzte sie für einige Minuten in den Rauch der Steppenraute. Aus gemahlenen vorgekochten Jochblattblättern (*Zygophyllum*) fertigte er Verbände an, die er den Frauen auf die untere Seite des Bauches legte. Mein Großvater bediente sich einer weiteren Methode, kinderlosen Frauen zu helfen. Das sah folgendermaßen aus: Man nimmt einen Karpfen, teilt ihn in zwei Teile und bedeckt ihn mit Kohleglut bis dass er halbgar ist, und legt ihn der Frau auf. Diese wird dann sogleich mit einer warmen Decke zugedeckt, sodass sie sogleich anfängt zu schwitzen. Die Methode nannte man *bula'o*, das „ein heißes Bad nehmen" bedeutet. Diese Methode wandte ich später selbst an.

Einige dieser Methoden übernahm meine Mutter von meinem Großvater. Zum Beispiel das Heilen von starken Kopfschmerzen, die durch irgendwelche Würmer im Kopf oder in der Nase verursacht werden. Diese heilte meine Mutter mit dem Aderlass. Meine Mutter wandte auch eine andere Methode an. Sie nahm dazu einen getrockneten Schilfstängel und blies damit eine Salzlösung mit viel Kraft erst in ein Nasenloch, dann in das andere. So kam Schleim ("Würmer") aus der Nase. Eine weitere Methode gegen Kopfschmerzen waren Linsenwickel. Diese wurden aus besonderen Linsen (*masch*) gemacht und als Verband auf den Kopf gelegt. Außerdem konnten mein Großvater und meine Mutter Hämorrhoiden heilen. Sie sammelten Zweige vom Karabarak-Strauch (ein kaspisches Fuchsschwanzgewächs – *Halostachys caspic*) verbrannten diese zu Asche und vermischten diese mit Quecksilber und Fett vom Bauch eines Ziegenbocks. Diese Mischung durchmengten sie immer wieder, einen Monat lang. Dann schnitten sie die Hämorrhoiden auf und trugen die beschriebene Paste auf die Wunden auf. Kinder erkranken oft am bösen Blick (*Al Ayin, ijt tijme*). Diesen heilte meine Mutter folgendermaßen: Sie nahm brackiges Wasser aus einem stehenden Kanal, vermischte dieses mit Quecksilber und verabreichte dieses Gemisch in winzigen Dosen zum Trinken."

Ich fragte sie, wann sie selbst mit dem Heilen angefangen habe.

Sie überlegte kurz und antwortete dann: „Genau kann ich mich nicht mehr erinnern, aber es war sicher vor meiner Heirat. Ich hatte selbst nicht daran geglaubt, mich einmal damit zu beschäftigen. Meine Mutter bereitete ständig irgendwelche Tinkturen oder Salben vor und so habe ich da Schritt für Schritt bei ihr gelernt. Manchmal habe ich auch selbst geheilt, zuerst kleine kranke Kinder, später dann auch Erwachsene. Als meine Mutter starb, kamen immer mehr Menschen zu mir und baten mich, sie von ihren Gebrechen zu erlösen. Alle Methoden der Heilung hatte ich ja in- und auswendig gelernt, ich hatte nichts aufgeschrieben, schreiben kann ich ja bis heute nicht. Jetzt bin ich schwach, kann kaum noch sehen. Um Leute zu heilen, braucht es eine Menge Kraft. Und diese Kraft habe ich nicht mehr. Alles, was ich weiß, habe ich meiner Enkelin weitergegeben, die bei uns jetzt das Handwerk übernommen hat."

Nach Nigora-apa machten wir uns auf den Weg zu ihrer Enkelin, Guldschahan Utemuratowa. Als wir bei ihr ankamen, erklärten wir den Grund unseres Besuches. Sie hörte uns geduldig zu und beantwortete alle unsere Fragen sehr gewissenhaft.

„Wie und wann haben Sie mit dem Heilen angefangen?"

„Mit der Heilung von Kranken habe ich im Jahr 1989 angefangen. Seit 1982 war ich praktisch ständig krank. Ich hatte beständig Kopfschmerzen, ich ertrug keine großen Gesellschaften. Die Leute um einen herum waren laut, tranken Wodka und anderen Alkohol. Die Kopfschmerzen waren zeitweise so stark, dass ich nicht mehr sprechen konnte. Mit diesen Problemen bin ich dann zum Arzt gegangen, doch durch ihn erfuhr ich keine Heilung, keinerlei Besserung. Dann bin ich zu einem Heiler gegangen. 1989 bin ich nach Hodscheli gefahren, zu einer Heilerin namens Rauschan-apa. Diese riet mir, ich solle selbst heilen, zuallererst die Kinder vom bösen Blick, dann auch ältere Menschen. Ich habe ihren Segen (*patia*) bekommen und ich fing zu heilen an." „Warum sind Sie denn nicht zu Ihrer Großmutter gegangen? Die war doch auch Heilerin."

„Nein, ein Heiler kann nicht seine nahen Verwandten heilen."

„Warum?"

„Weiß ich nicht."

„Und wer gab Ihnen den Rat, sich gerade mit Rauschan-apa zu treffen? Auch ihre Großmutter ist ja Heilerin, konnte die Ihnen denn den Segen nicht geben?"

„Ich erinnere mich schon nicht mehr, wer mir damals den Rat gegeben hat, zu Rauschan-apa zu fahren. Vielleicht war es meine Oma. Meine Oma hat mir ja auch den Segen für mein Handwerk gegeben, aber es ist besser, wenn es auch andere tun, besonders wenn sie erfahrene Heiler sind."

„Welche Methoden wenden Sie bei Ihren Heilungen an und welche Krankheiten heilen Sie vor allem?"

„Alle meine Methoden der Heilung kommen von meiner Großmutter. Meine Mutter gab mir dazu noch ihr gesamtes 'Inventar', das ich zum Heilen benutze. Ich heile vor allem Kinder vom bösen Blick, Frauen, die keine Kinder bekommen, und Kopfschmerzen. Ich fühle mich sehr geehrt, dass ich auserkoren wurde zur Heilerin, das ist für mich eine Gabe. Meine anderen Schwestern und Brüder verfügen nicht darüber."

Während wir uns bei Guldschahan-apa aufhielten, kamen Frauen mit kranken Kindern ins Haus. Sie hatten erhöhte Temperatur und Durchfall. Guldschahan entschied sich, uns bei diesen Heilungen hinzuzuziehen und uns ihre Heilmethode zu erklären. Sie nahm abgekochtes kaltes Wasser, gab Asche von der Tamariske hinzu (in Form von kleinen Holzkohlestücken). Dieses Wasser prustete sie den Kranken ins Gesicht, auf den Rücken, auf die Brust, auf den Scheitel, in den Handteller. Währenddessen flüsterte sie Verse aus dem Koran. All das wurde begleitet von kreisenden Bewegungen ihres Armes. So, als wolle sie die Krankheit aus dem Körper des Kindes hinausführen. So hieß denn auch die Methode dieser Heilung „Hinausführen und Wegschicken" (*ushyk shigharu'o*).

„Guldschahan, warum nehmen Sie gerade Asche von der Tamariske und nicht von anderen Pflanzen?"

„Ja, man kann heute auch andere Pflanzen nehmen, weil die Tamariske ja mittlerweile so schwer zu finden ist, aber ich bevorzuge immer die Tamariske, halte und pflege sie speziell deswegen bei mir."

„Und welchen Effekt hat die Tamariske bei der Heilung?"

„Das weiß ich nicht, ich mache es so, wie ich es von meiner Oma gelernt habe."

Die nächste Patientin war ein 14- bis 15-jähriges Mädchen. Guldschahan-apa heilte sie vom bösen Blick mit der Methode des „den-bösen-Blick-Hinausführen" (*suk shigharu'o*). Dafür benutzte sie die Gerätschaften ihrer Großmutter. So erklärte sie uns: „Dieses Inventar zur Heilung bekam meine Großmutter von ihrem Großvater. Das ist eine hölzerne Schale (*tabaq*), ein getöpferter, schwerer Krug (*gyze*) und ein Lampe mit einem Kerosindocht (*shyrak*)." Das kranke Mädchen wurde auf den Rücken gelegt und auf den wunden Punkt (ihren Bauch) wurde die hölzerne Schale gelegt. In diese Schale wurde dann die brennende Lampe gestellt. Danach wurde die Schale langsam mit Wasser gefüllt und über die Lampe mit dem brennenden Docht der Krug gestülpt. Wir fragten die Patientin: „Welche Gedanken gehen Dir durch den Kopf?" „Das Wasser erwärmt sich langsam und mit ihm auch die Stelle, wo es weh tut." Nach den Worten Guldschahans kann die Schale mehrere Beschwerden heilen und Schmerzen lindern. Und sie fügte noch hinzu, dass sie in letzter Zeit anstelle des irdenen Krugs oftmals eine Emaillekanne benutze.

Während ich die Arbeit der Heiler erkundete, sprach ich nebenbei oft mit deren Patienten. So erzählte die Patientin von Ischan-kazi, Altyn apa: „Mein Sohn wurde 1988 zum Wehrdienst nach Novosibirsk geschickt. Sie haben ihn da wahrscheinlich schwer misshandelt, naja, jedenfalls bekamen wir ein Telegramm, dass unser Sohn im Sterben liege und wir schnell kommen sollten. So fuhr ich mit meinem Mann dorthin und fand meinen Sohn dort. Er lag im Koma, ohne Bewusstsein. Die Ärzte sagten, dass er wohl sterben werde. Wir sollten ihn schleunigst nach Hause bringen. Sie halfen uns mit dem Fahrkartenkauf und der ganzen Bürokratie. Als wir zu Hause ankamen, konsultierten wir auch hier in Nukus unsere Ärzte. Auch sie wussten oder sagten nichts Konkretes, verschrieben Medizin, hängten ihn an den Tropf, doch unser Sohn kam nicht zu sich. Wir machten uns schon bereit, das Schlimmste zu akzeptieren. Da kam eine unserer Verwandten, meine Schwägerin, auf die Idee, dass wir Ischan-kazi konsultieren sollten. Wir hatten noch nie von ihm gehört. Meine Schwägerin machte sich auf zu ihm, erzählte ihm, was meinem Sohn zugestoßen sei. Dieser sagte, sie solle Kandiszucker besorgen und Teesud. Ischan-kazi bereitete mit seiner Methode *„dem saldy"* eine Lösung vor und trug uns auf, diese unserem Sohn einzuflößen. Wir verabreichten unserem Sohn über eine Woche diesen Sud. Dann fing er plötzlich an zu erbrechen. Aus seinem Körper entwich etwas Schwarzes, das stank fürchterlich. Danach öffnete er die Augen und fing an, den Kopf zu heben. Aber er redete nicht. Eine Woche darauf fuhr meine Schwägerin wiederum zu Ischan-kazi und dieser bereitete wieder mit Zucker und Sud die Medizin. Wir gaben diese Lösung unserem Sohn wieder eine Woche lang. Dann fing er langsam an wieder zu reden und ein paar Schritte zu gehen. Er erkannte langsam auch seine Verwandten wieder, und dann auch seine Freunde. Nach einem Monat fuhren wir mit ihm zu Ischan-kazi. Das alles spielte sich zwischen 1989 und 1990 ab. 1990 war er dann vollständig genesen. Daraufhin starb meine Schwägerin. Heute ist mein Sohn verheiratet und hat zwei Kinder. Wann immer wir oder die Kinder krank werden, konsultieren wir immer wenn möglich Ischan-kazi."

Eine andere Frau Schirin, aus dem Kara-Uzeker-Gebiet, erzählte uns Folgendes: „Ich wurde und wurde nicht schwanger, 9 Jahre lang. Ich ging zu vielen Ärzten, besuchte viele Heiler, doch das alles blieb ohne das gewünschte Resultat. Dann ging ich zu Ischan-kazi. Er behandelte mich und nach 7 Wochen war klar, ich bekomme ein Kind. Eigentlich wollte sich mein Mann von mir trennen, da ich keine Kinder bekommen konnte, nun aber geht er selbst zu Ischan-kazi."

Während ich diese Zeilen hier schreibe, ist Ischan-kazi längst tot. Aber die Leute kommen sogar zu seinem Grab in der Hoffnung auf Genesung. Die Erinnerungen an ihn machen ihn zu einem echten Wunder. Die Heiler Karakalpakstans geben ihr Wissen von Generation zu Generation weiter. Sie verfügen über keine Aufzeichnungen, ihre Übermittlung überdauert bereits Jahrhunderte. Dass es sie gab und gibt liegt wohl vor allem an ihren Patienten, die sie weiterhin aufsuchen, die sie aber auch vergöttern und aus ihnen Wunderheiler machen. Die Heiler jedoch machten sich nicht selbst zu diesen Lichtgestalten. Sie blieben mitten unter dem Volk. So, wie dieses Volk sich aber auch ändert, so ändert sich seine Medizin, und wird schon in einer neuen Generation in wieder neuem Antlitz erscheinen. Und diese Lebendigkeit hat etwas Einzigartiges.

Sadriddin Ajni: Ahmad, der Dämonenbändiger

Übersetzung aus dem Tadschikischen Thomas Loy[1]

I   In einer ländlichen Region der Provinz Buchara im Bezirk Ghidschduvon[2] gibt es einen Ort namens Soktare. Die dort lebenden Hodschas[3] sind für ihre Kunst des Dämonenbändigens bekannt, und aus der gesamten Gegend um Buchara und des Miyonkol[4] kamen Menschen hierher, die von Geisteskrankheiten befallen wurden, um von ihnen davon geheilt zu werden. Und nicht nur die „Verrückten" kamen hierher, sondern auch Menschen mit Typhus, Malaria, Krätze und anderen Krankheiten und Verletzungen.

Im Norden des Dorfes gibt es einen hohen und langgestreckten Hügel, auf dem sich die Gräber der Väter und Ahnen dieser Hodschas befanden. Diesen Friedhof nennt man auch

---

[1] Die Erzählung „Ahmad-i devband" wurde erstmals in zwei Ausgaben der Zeitschrift *Rahbar-i donish* (1928, Nr. 8/9, S. 45-51 (Teil 1) und Nr. 11/12, S. 28-32 (Teil 2)) in arabischer Schrift veröffentlicht und später vom Autor wiederholt überarbeitet und neu aufgelegt. Die vorliegende Übersetzung beruht auf der Erstveröffentlichung.

[2] Der Bezirk „Ghidschduvon" (uzb. G'ijduvon) befindet sich etwa 40 km nordöstlich der Stadt Buchara.

[3] „Hodscha" (pers. *khwāja*) ist ein Titel für sufische Meister und die Bezeichnung für genealogische Gruppen (bei allen ethnischen Gruppen Zentralasiens), die sich von Figuren der frühen islamischen Geschichte herleiten. Auch Sadriddin Ajni (1878-1954) stammte aus einer Hodscha-Familie des Dorfes Soktare.

[4] Miyonkol (pers. *Miyānkāl*) „die mittlere Oase" ist eine alte Bezeichnung für den Kulturraum der Ebenen entlang des Unterlaufs des Zarafschan, zwischen Buchara und Samarkand.

„Die sieben Standarten," denn ganz oben an dieser Grabstätte waren immer sieben lange, mit Pferdeschwänzen bestückte Stangen aufgestellt als Symbol für die sieben vollkommenen Sufi-Meister. Im Zentrum dieser Grabanlage, inmitten einer aus gebrannten Ziegeln errichteten Mauer am höchsten Punkt des Hügels, befand sich das Grabmal der verstorbenen Hodschas. Außerhalb dieser Umfriedung, auf dem gesamten Hügel, bis hinunter ins Flache lagen die Gräber der einfachen Menschen. Die Gegend rund um den Hügel wurde landwirtschaftlich genutzt, und die dort liegenden Felder und Gärten waren berühmt für ihren Ertragsreichtum; eines gedieh besser als das andere und versetzte den Betrachter in Erstaunen.

Wenn man am Morgen bei Sonnenaufgang oder am Abend bei untergehender Sonne auf diesen Hügel steigt, dann sieht man eine Landschaft, die mit Worten kaum zu beschreiben ist. Setzt man sich am östlichen Ende des Hügels auf eine der Marmorplatten, die über die Gräber gelegt sind, und blickt nach unten, dann schweift das Auge über Wiesen, deren noch nicht aufgeblühten Gräser hüfthoch stehen. Durch diese Wiesen ziehen junge Ziegen wie Enten, die durch Wasser tauchen. Gerade erst von ihren Müttern entwöhnt, wurden sie von ihren Besitzern zum freien Weiden dorthin getrieben. Und wenn ihnen eines der Pflänzchen zusagt, dann zupfen sie es mit ihren kostbaren, perlfarbenen Zähnen vorsichtig zum Fressen heraus. Und die kleinen Kälber, die keinen einzigen Moment stillhalten können, wenden sich von dem saftigen Gras der Wiesen ab und springen übermütig davon in Richtung des Hügels, ganz so, als ob sie allen beweisen wollten, wie mutig sie sind. Und von dort ziehen sie dann weiter, im Schutz der Bäume grasend, den ganzen Hang hinauf bis zum Heiligengrab.

Hat man sich an den smaragdgrünen Wiesen sattgesehen und lässt den Blick weiter schweifen, sieht man zuerst Felder mit Zuckermelonen, die gerade dabei sind gelb zu werden, dann weite Felder mit blühender Baumwolle und andere mit hoch aufragendem Mais. Ein Feld nach dem anderen zieht den Blick auf sich. Das Geschrei der Bauernkinder, die mit ihren Ratschen und Schleudern die Spatzen und die Krähen aus den Mais- und Hirsefeldern vertreiben. Das ganze Treiben ruft Erinnerungen wach an die Kämpfer auf den Schlachtfeldern vergangener Zeiten. Riesige Vogelschwärme, aufgeschreckt vom Klappern der Ratschen und dem Gejohle der Bauernkinder, ziehen weiter zu unbewachten Feldern. Wie schwarze Gewitterwolken im Frühjahr rauschen sie über dem Kopf des Betrachters hinweg.

Blickt dieser dann noch etwas weiter, dann sieht er, dass entlang des Mazrangon-Kanals, in den kleine Gärten der Gehöfte und am Rand der Wasserbecken der Bauern, die verschiedensten Bäume, grün und in vollem Saft, sich nach oben recken. Durch die dicht verflochtenen Äste, Zweige und Blätter dieser Weiden, Silberpappeln, Ulmen und all der anderen Baumarten waren die Dächer und Häuser der Bauern kaum zu erkennen.

Jenseits des Mazrangon-Kanals und des Dorfes bis hin zum Ufer des Zarafschans erstreckte sich eine weite Ebene. Diese war durchzogen von kleineren Bewässerungsgräben, von Zuläufen für die oberschächtigen und unterschächtigen Räder der Wassermühlen und von größeren und kleineren Entwässerungsgräben, die rund um die Anbauflächen entlang des Flusses angelegt waren. Dort gab es Felder mit roten Bohnen, mit Kichererbsen, Mungbohnen, Melonen und vor allem mit Reis. Sie alle trugen zur Schönheit dieser grünen und blühenden Ebene bei. Selbst die nicht bewirtschafteten Flächen dieser Ebene waren nicht leer. Hier wuchsen hüfthohe Süßholzstauden und andere Gewächse. Und die Fasane, die nirgends vor den Nachstellungen der Menschen sicher sind, bauten hier im Schutz dieser Büsche ihre Nester, brüteten ihre Eier aus und zogen tapfer ihre Jungen groß.

Man sieht von hier oben aus auch den Zarafschan, der, von Nordosten kommend nach Südwesten fließend, einen großen Bogen um diese grüne Eben schlägt wie ein aus klarem, silberglänzendem Wasser gezogener Halbkreis. Und wenn man dann den Blick über den Zarafschan hinaus richtet, trifft er in der Ferne auf den purpurnen Streif der Berge.

Dann hat man genug gesehen und wünscht sich, vielleicht auch die andere Seite des Hügels genauer kennen zu lernen. Zuerst gelangt man zu dem nordwestlich des Heiligengrabes gelegenen Teil des Friedhofs, in dem überall herrliche Weingärten und Haine mit Obstbaumsetzlingen angelegt sind. Doch nachdem man durch das südliche Türchen die Umfriedung betreten und diese durch das nördliche wieder verlassen hat, und noch bevor man die dort liegenden landwirtschaftlichen Anbauflächen zu Gesicht bekommt, tut sich plötzlich vor einem ein furchtbarer, dunkler Schlund auf, der den Betrachter erschauern lässt.

II   Ja, die Höhle auf dem Friedhof von Hodscha Soktare war angsteinflößend. Nicht nur weil der Eingang eng war und in ein tiefes schwarzes Loch führte, sondern auch, weil man sich erzählte, dass diese Höhle der Schlafplatz von Dämonen (*dev*), das Versteck von Feen (*pari*) und Geistern (*dschinn va adschina*) und der Rückzugsort von Drachen (*adschda*) war, die dort unten einen Schatz bewachten.

Der obere Teil der Höhle war im Laufe der Zeit durch die Einwirkung von Regen und Schnee eingestürzt und bis zur Hälfte des Hügels abgerutscht. Daraufhin war aus gebrannten Ziegeln eine Säule errichtet worden, die verhinderte, dass auch noch der Deckenbereich über dieser Säule einstürzt. Und so ähnelte der Eingang zur Höhle nun der halben Öffnung eines Lehmbackofens.

In diesem Zusammenhang kursierte unter den Menschen auch eine interessante Überlieferung: Man erzählte, dass nach dem Einsturz eines Teils der Höhle die Dämonen, die dort hausten, den Dämonenbändiger (*devband*) jener Zeit baten, etwas zu unternehmen und ihre Behausung vor der Zerstörung zu bewahren. Denn – so versicherten sie ihm – so lange sie darin ruhig und ungestört leben könnten, würden sie auf die Befehle und Anordnungen seiner Nachkommen hören und diese befolgen. Aus diesem Grund hatte der Dämonenbändiger die Säule errichtet.

Gegenüber dem Eingang der Höhle gibt es eine kleine Nische im Fels, in die sich derjenige, der die Absicht hegt, selbst ein Dämonenbändiger zu werden, für 40 Tage und Nächte zurückzieht, um dort zu rezitieren und zu meditieren (*'azā'imkhwānī*).[5] Westlich des Hügels gibt es einen kleinen Garten mit einem großen Wasserbecken und einem Wäldchen, von dem man behauptete, dass dort nachts die Dämonen und Feen zusammenkommen, um etwas Luft zu schnappen und Feste zu feiern. Die Stimmen der Feen, die dort sangen und musizierten, sollen nachts von hier aus zu hören gewesen sein.

Über die Höhle und ihre Bewohner gab es viele erstaunliche Geschichten: Wenn etwa nachts jemand dort hinkommt, den die Feen nicht leiden können, dann schlagen sie so lange auf ihn ein, bis sein Mund schief und seine Arme und Beine steif werden, oder er sogar tot war. In manchen Nächten stießen die Dämonen dieses Ortes so furchtbare Schreie aus, dass Leute, die in der Nähe waren und das Geheule hörten, vor Schreck ohnmächtig wurden und zusammenbrachen. Einige starben auch davon. Andere außergewöhnliche Kreaturen, die in dieser Höhle hausten, waren die Drachen. Es heißt, dass vor langer Zeit einer der Dämonenbändiger tief im Inneren der Höhle einen Schatz versteckte und mit einem Schutzzauber

---

[5] Als *'azā'imkhwānī* bezeichnet man die Rezitation (*khwānī*) spezieller Beschwörungsformeln (*'azā'im*), eine religiöse Praxis, in der die Schüler von ihren spirituellen Meistern unterwiesen wurden.

belegte. Und für die Bewachung seines Bannzaubers rief er durch die Kraft seiner Beschwörungsformeln die Drachen vom Ende der Welt hinter dem Berg Kāf herbei.[6] Das Atmen dieser Drachen war nachts und manchmal sogar tagsüber zu vernehmen. Und wer dieses Grollen einmal hörte, der bekam es nicht mehr aus den Ohren. Hin und wieder entstiegen diese Drachen nachts der Höhle und gingen ans Ufer des Zarafschan, um dort Wasser zu trinken. Die Mäuler der Drachen waren so groß, dass sie ihren Unterkiefer auf den Grund des Flusses legten und ihren Oberkiefer wie ein Brett nach oben in die Luft aufrichteten. Und so nahmen sie das ganze Wasser des Flusses auf einmal in sich auf. Ein bis zwei Stunden tranken sie auf diese Weise, und erst nachdem ihr Durst gestillt war, kehrten sie zur Höhle zurück. Und wenn den Drachen auf ihrem Hin- und Rückweg zufällig jemand über den Weg lief, wurde er von ihnen bei lebendigem Leibe unzerkaut verschluckt. Aber wer ihnen nicht zu nahe kam, dem fügten sie keinen Schaden bei. Diese Verpflichtung waren sie in dem Vertrag, den sie mit dem Dämonenbändiger geschlossen haben, eingegangen.

Auch diejenigen, die in der Absicht, selbst Dämonenbändiger zu werden, 40 Tage in der Nische gegenüber dem Höhleneingang Wache hielten und in den Nächten Beschwörungsformeln rezitierten und dem Anblick der Dämonen und Feen nicht standhalten konnten, verloren das Bewusstsein. Einige von ihnen blieben gelähmt, andere traf der Schlag, der ihre Münder verzerrte, und manche kamen dabei sogar ums Leben. Diejenigen, die das 'azā'imkhwānī bis zum Schluss durchhielten und als Dämonenbändiger daraus hervorgingen, erzählten, dass während ihres Rezitierens aus der Öffnung der Höhle die Schreie der Dämonen und das Schnauben der

---

[6] Der Berg „Kāf" ist ein Ort in der iranischen Mythologie der das Ende der Welt markiert. Dahinter beginnt das Reich der Geister und Dämonen.

Drachen drang und dass diejenigen, die weniger mutig waren als sie, davon bewusstlos wurden. Solche Leute würden selbstverständlich sterben. Aber derjenige, der einem vollkommenen spirituellen Meister folgt und dessen Glaube stark ist, der wird den Mut nicht verlieren und seine Gebete zu Ende führen und so ein wahrer Dämonenbändiger werden. Und kein Dämon wird es wagen, sich in Zukunft seinen Befehlen zu widersetzen.

Man erzählte sich auch, dass manchmal in der Umgebung der Höhle Flammen erscheinen. Diese Flammen seien Feen, die versuchen, die Dämonenbändiger-Novizen zu verbrennen. In diesen Situationen ist es unbedingt notwendig, keine Angst vor dem Feuer zu zeigen und auf die Hilfe des Meisters zu vertrauen. Denn wenn nicht, so wird der Anwärter auf das Dämonenbändigen sein Ziel nicht erreichen und vernichtet werden.

Obzwar tagsüber viele Pilger und Besucher den Friedhof von Hodscha-Soktare aufsuchten und auch in die Nähe der Höhle gelangten, traute sich nachts niemand auch nur einen Schritt weit in diese Gegend. Und sollte doch einmal jemand in der Nacht, sei es als Mutprobe oder aus Zweifel an den Geschichten, hierher kommen, so würde ihn ganz bestimmt ein Unglück ereilen.

Die „Verrückten" und Besessenen kamen von weither und übernachteten in den Häusern der Hodschas von Soktare. Weil die gegenwärtigen Hodschas die Nachfahren jener Hodschas vergangener Tage waren, heilten sie die „Verrückten" und Kranken mit Hilfe der Dämonen und Feen ihres Friedhofes. Doch wenn diese Kranken oder ihre Angehörigen unrein waren oder Zweifel an den Fähigkeiten der Hodschas hegten, dann wurden sie nicht geheilt. So jedenfalls war der allgemeine Volksglaube in Bezug auf den Friedhof, die Höhle und die Hodschas von Soktare.

III Winter, Zeit von Regen und Schnee, die Teiche und Bäche zugefroren, die Äste der Bäume herabhängend und abgeknickt. Kühe und Esel kauern in einer Ecke des Stalls oder hinter dem Verschlag, und so schnell wie Mäuse, die von einer Katze erschreckt wurden, verkrochen sich die Katzen selbst unterm *sandali*[7].

Unter allen Vierbeinern ist es in dieser Jahreszeit einzig das (männliche) Kamel, das freudetrunken herumbrüllt und mit seinem Maul wie die „Verrückten" Schaum verspritzt. Und von den Vögeln ist es nur der Rabe, der fröhlicher wird, je mehr es schneit, der durch den Schnee tanzt und mit seiner kreischenden Stimme die Ohren der vom Winter durchgefrorenen Menschen betäubt. In dieser Jahreszeit, in der die Kälte fast drei Monate anhält, geht den Bauern das Leben nicht leicht von der Hand. Die sandalis, die sie mit der vom Feuer des Abendessens übrigen Asche auffüllen, saugen sich durch die Feuchtigkeit des Bodens über Nacht mit Wasser voll und verwandelten sich bis zum nächsten Mittag in einen Batzen matschigen Schlamm. Da in diesen Monaten keine Feldarbeit möglich war, beschränkte sich die Arbeit der Männer auf das Trennen der Baumwolle von den Kapseln, das Entfernen der Kerne aus den gezupften Fasern und auf das Weben und die Arbeit der Frauen auf das Spinnen und die Weiterverarbeitung der Baumwolle. Bei den Bauern in Buchara ist es bis heute üblich, dass sie ihre Kleidung selbst herstellen.

Den kleinen Kindern jedoch ging es im Winter gar nicht so schlecht. An den sonnigen Wintertagen, die wegen der

---

[7] Mit *sandali* wird ein niedriger und mit einem Teppich bedeckter Tisch bezeichnet, der in zentralasiatischen Häusern als Heizung und Wärmequelle diente. Unter dem Tisch befand sich ein Gefäß (oder eine kleine Grube im Lehmboden), das mit glühenden Kohlen gefüllt wurde. Die rings um den *sandali* auf Matten sitzenden Personen konnten ihre Beine unter den Tisch und den darüber gelegten Teppich strecken.

heftigen Kälte auch „Kindermördertage" genannt werden, gingen die Jungen nach draußen auf die Felder und ritten auf den Eseln, bis sie vor Kälte steif gefroren herunterfielen. Oder sie schlidderten auf den zugefrorenen Kanälen und Wasserbecken. Mit solchen Spielen verbrachten sie die kurzen Wintertage. Wenn es dann Abend wurde, fielen sie in so tiefen Schlaf, dass sie bis zum nächsten Sonnenaufgang nicht mitbekamen, was in der Welt um sie herum vor sich ging und wie viele handbreit Schnee über Nacht wieder gefallen waren. Ihre sie liebenden Mütter jedenfalls deckten sie fest zu und wachten darüber, dass ihre Betten bis zum nächsten Morgen auch warm blieben. Und so mussten sie sich wegen der Kälte des Winters eigentlich überhaupt keine Gedanken machen.

Um die bedrückende Stimmung des Winters zu vertreiben, versuchten die Erwachsenen des Dorfes, die jungen wie die alten, mindestens einmal in der Woche nachts zusammenzukommen, um sich zu unterhalten, Gedichte zu rezitieren, sich Geschichten erzählen zu lassen, zu reimen und Witze zu reißen. Diese Zusammenkünfte wurden als gaschtak oder dangona abgehalten. Dabei handelt es sich um Treffen einer Männerrunde, wobei beim gaschtak der Gastgeber im Wochenrhythmus wechselt und die anderen Gruppenmitglieder zu sich nach Hause einlädt. Bei einem dangona hingegen legt eine Gruppe Geld zusammen, von dem dann eine gemeinsame Feier ausgerichtet wird. Während die Jüngeren dangona bevorzugen, organisieren die Älteren ihre Treffen meist als gaschtak.

IV In einer Winternacht, als die Häuser der Bauern mit Schnee bedeckt waren, versammelten sich an die 20 junge Erwachsene des Dorfes Soktare in einem Gästezimmer für eine dangona. Im Vergleich zum normalen Alltag im Dorf war das Gästezimmer festlich hergerichtet. Auf dem Boden war gegen die Feuchtigkeit Schilf ausgelegt, darauf waren Matten gelegt und darüber ausgebreitet lag dann noch ein hochwertiger kasachischer Filzteppich. Und selbst die Kissen und Matratzen waren weniger schmutzig als sonst. Im hinteren Bereich des Gästezimmers befand sich ein angeheizter sandali, und gleich im Eingangsbereich stand ein *manqal*, eine mit glühenden Kohlen gefüllte kastenförmige Schale aus Gusseisen. An deren Rand waren sechs Teekannenhalter angebracht und darin steckten sechs Kannen, in denen grüner Tee köchelte. Vor dem Gästezimmer hing in einer Nische ein schwarzer Wasserkessel über dem Feuer. Darin wurde das Wasser für die geleerten Teekannen im Inneren des Gästezimmers erhitzt. Das Feuer wurde mit Ästen von Aprikosen, Maulbeeren und anderen Obstbäumen, die am selben Tag speziell für diese Zusammenkunft abgebrochen und herangeschafft worden waren, am Brennen gehalten. Die glühenden Kohlestückchen wurden nach und nach aus diesem Feuer geholt und im *sandali* und im *manqal* nachgelegt. Vom *sandali* bis zum Eingang des Gästezimmers spendeten vier Halbkilokerzen Licht. Der Schein dieser Kerzen, die Glut des *sandali* und des *manqal*, der Dampf der Teekannen sowie der Atem der Gäste und der Rauch der Wasserpfeife, die hier Zug für Zug ununterbrochen geraucht wurde, vermischten sich und heizten das Gästezimmer auf wie eine Sauna. Das Zimmer fühlte sich tatsächlich an wie ein Badehaus. Vor lauter Rauch und Dampf, die aufstiegen und sich an der Decke sammelten, waren deren Balken und Streben gar nicht mehr zu sehen. Und wären nicht die beiden direkt unterhalb des nördlichen und südlichen Gesims gegenüberliegenden Luken geöffnet gewesen, dann wäre im Raum keine Luft zum Atmen geblieben und die anwesenden Gäste wären alle in Ohnmacht gefallen.

Nacheinander wurden Brot und Rosinen, Suppe und Palau, Honigmelonen und Weintrauben aufgetragen. Nijoz Guppon, der „Älteste"[8] der jungen Männer, richtete diese Feier aus. Nijoz Guppon hatte nicht wegen seines tatsächlichen Alters diese Position erreicht, sondern war aufgrund seiner persönlichen Qualitäten zum Anführer der Jugend von Soktare geworden. Er hatte dafür viel investiert, sich überall erfolgreich durchgesetzt, alle Proben bestanden und alle Wetten gewonnen und war so zum Anführer der Jugend aufgestiegen.

Die Abendgesellschaft begann mit Solo-Vorträgen von Gedichten (*bait*). Diejenigen, die eine gute Stimme hatten und die Regeln der Dichtkunst beherrschten, sangen zur Freude ihrer anwesenden Freunde Ghazelen und wurden von diesen mit Bravo- und Lebehoch-Rufen angefeuert. Im Anschluss daran trugen einige von ihnen gemeinsam Vierzeiler (*ruba'i*) und Lieder (*ashula*) vor. In den Pausen wurden Sprichwörter zum Besten gegeben, Geschichten erzählt, Witze gerissen, Leute nachgeahmt und sich über alles und jeden lustig gemacht.

V Es war schon nach Mitternacht, als einer der Anwesenden nach draußen ging, um ein Bedürfnis zu erledigen. Keine zwei Minuten später hörte man seinen gellenden Schrei: „Oh weh, ich sterbe!" In dem Glauben, dass ein Dieb oder ein anderer Übeltäter eingedrungen sei, griffen die übrigen ihre Messer und Stöcke und rannten nach draußen. Dort angekommen sahen sie, dass ihr Freund bewegungslos ausgestreckt auf dem Misthaufen lag. Vor ihm stand ein schwarzer Stier, der sich im Stall losgerissen hatte, und beschnupperte laut schnaubend den am Boden liegenden von allen Seiten.

Nijoz Guppon sagte: „Jungs, schaut mal nach, was hier passiert ist." Ein paar liefen los und kontrollierten die Eingangstür und das Dach des Hauses, aber von einem Eindringling war nichts zu sehen. Es gab auch keine Fußspuren in

---

[8]Niyoz Guppon wurde daher auch von den anderen respektvoll als „Bobo" (Väterchen) oder „Bobo Niyoz" angesprochen.

dem frisch gefallenen Schnee, die verraten hätten von wo ein Dieb gekommen sei und wo er etwas mitgenommen hätte. Die anderen hoben den Ohnmächtigen hoch und brachten ihn ins Haus. Dort bespritzten sie sein Gesicht und seine Brust mit kaltem Wasser, und nach einer Weile kam er wieder zu sich.

„Wer hat mich hier reingebracht?" fragte er.

„Wir!"

„Habt ihr ihn auch gesehen?"

„Wen denn?"

„Den Dämon!"

„Den Dämon? Wo war er?"

„Als ich nach draußen kam und gerade in den Stall gehen wollte, da tauchte er plötzlich auf, in Gestalt eines schwarzen Stiers. Ich kann nicht sagen, ob er mich erwischt hat oder nicht, ich weiß nur, dass ich aufgeschrien habe und dann umgefallen bin."

Ahmad, der sechzehn oder siebzehn Jahre alt war, musste über das, was er da zu hören bekam, lachen und sagte: „Na Bravo, du bist mir ein Held! Du hast den Stier, der sich im Stall losgerissen hatte für einen Dämon gehalten, hast dir in die Hosen gemacht und bist ohnmächtig geworden." Das wollte der junge Mann nicht gelten lassen und bekräftigte, dass das, was er gesehen hatte, tatsächlich ein Dämon war. Aber auch die anderen pflichteten Ahmad bei und sagten: „Nein, nein, es war der Stier. Wir haben ihn auch gesehen. Nachdem wir dich hier reingebracht haben, hat ihn Muchtor wieder zurück in den Stall gebracht."

In Wirklichkeit hatte sich die Sache so zugetragen: Als der Mann nach draußen kam, um sein Geschäft zu erledigen, hatte er es schon sehr eilig. Daher öffnete er seinen Hosenbund schon bevor er zum Örtchen gelangte und wollte gerade loslegen, als ihn der Stier erblickte. Dieser hatte am Abend nichts zu fressen bekommen, weil sein Besitzer mit den Vorbereitungen des dangona beschäftigt war. Also war er ziemlich hungrig und dachte wohl, dass der hochgehobene Rocksaum voll mit Stroh sei. Und als der Mann damit nicht zu ihm kam, sondern sich in die andere Richtung drehte, riss er sich mit einem viehischen Ruck los und rannte auf den Mann zu. Dieser hatte sein Leben lang von seiner Mutter und Großmutter Geschichten von Dämonen, Feen, Drachen und ähnlichen Wesen zu hören bekommen. Auch die, dass ein Dämon, der einem Menschen Schaden zufügen will, in den meisten Fällen in Gestalt eines Stieres angreift. Und so hielt der Mann den realen Stier für einen verwandelten Dämon, erschreckte sich vor ihm zu Tode und fiel in Ohnmacht.

Die jungen Männer lachten sich schlapp über dieses Missgeschick und machten sich über ihn lustig. Einer von ihnen sagte: „So mutig wie Du bist, wie willst Du denn da heute Nacht nach Hause kommen?" Ein anderer witzelte: „Ab jetzt sind Turban und Messer für dich tabu. Binde dir lieber ein Kopftuch um und setz dich ans Spinnrad, wie es sich für Frauen gehört."

Und ein dritter fügte ironisch hinzu: „Glückwunsch für deinen Heldenmut! Wenn wir mehr solche Freunde hätten wie dich, dann würden unsere Esel schreiend durchs Chiyobon-Viertel in Buchara laufen."[9]

Ein anderer, mit Namen Shakir, entgegnete den jüngeren in der abendlichen Runde: „Spielt euch mal nicht so auf, ihr Maulaufreißer! Ihr habt doch keine Ahnung von Geistern und Dämonen. Wer von Euch kann denn mit Sicherheit sagen,

---

[9] In der 1963 in der Gesamtausgabe (Ajni: *Kulliyot* Bd. 5) veröffentlichten Version der Erzählung ist in einer Fußnote hierzu folgende Erklärung zu lesen: „Die Bewohner des Chiyobon-Viertels in Buchara waren bekannt dafür, große und kräftige Esel zu züchten. Die anderen Eselzüchter brachten manchmal ihre besten Esel in das Viertel, und wenn sich herausstellte, dass ihre eigenen Esel stärker waren als die Chiyoboner Esel, dann liefen diese laut schreiend durch die Straßen. Waren sie allerdings schwächer, dann trauten sie sich nicht, ihre Schreie auszustoßen und schlichen durch das Viertel, ohne einen Laut von sich zu geben."

dass es der Stier aus dem Stall war oder nicht ein in einen Stier verwandelter Dämon? Ich habe es schon mehrmals selbst erlebt, dass ein Dämon in Gestalt meines eigenen Stieres auf mich losgegangen ist. Aber dieses Amulett hier – er hob den Arm und zeigte auf ein großes Amulett unter seiner Achsel – das ich von Eschan[10] Barakat-Hodscha bekommen habe, Gott hab ihn selig, hat mich seither davor bewahrt. Und ohne dieses Amulett würde ich mich heute Nacht auch nicht trauen, nach Hause zu gehen. Meine liebe Mutter, Gott hab sie selig, erzählte mir immer, wie sie als kleines Mädchen von einer Dschinn gequält wurde. Jede Nacht war sie in ihren Träumen erschienen und jagte ihr schreckliche Angst ein. Dann erfuhr Eschan Barakat-Hodscha, Gott hab ihn selig, davon. Zur Austreibung der Geister las er über ihr die „Ahlos"-Formel und die Eröffnungssure des Koran.

Danach waren die Dschinn besänftigt und ließen ab von ihr. Von da an kamen alle Kranken zu uns nach Hause. Meine Mutter, Gott hab sie selig, wickelte dann immer einen alten Stofffetzen um einen Stock und zündete ihn an mit den Worten „ahlos-ahlos, sei alle Last und Mühen los! Zu Ehren der 40 Geister, der 11 Geister, der 7 Geister und bei Hizr und Iljos'" und ließ es um den Kopf der Kranken kreisen. Und wenn diese Kranken nicht daran zweifelten, dann wurden sie geheilt. Aber wenn sie nicht daran glaubten, dann verschlechterte sich ihr Zustand sogar."

Und Niyoz Guppon fügte hinzu: „Dämonen und Feen sind gnadenlose Feinde. Wenn dein Feind ein Mensch ist und dich offen von vorne angreift, Mann gegen Mann, dann möge der stärkere gewinnen. Aber der Schlag einer Dschinn ist etwas ganz anderes. Der Schlag einer Dschinn erfolgt aus dem Nichts und ist so heftig, dass dir Hören und Sehen vergeht." Niyoz Guppon führte das Röhrchen der Wasserpfeife an seinen Mund, nahm ein paar tiefe Züge und fuhr fort: „Ihr

---

[10] „Eschan" ist ein Ehrentitel für einen religiösen Würdenträger.

wisst ja, was mir passiert ist, als die Ghidschduvoner mit den Vobkandern in Darveschobod einen Feuerwerkswettkampf austrugen. Ich war damals Anführer der Ghidschduvoner. Aber der gusseiserne Behälter mit dem Feuerwerk in meiner Hand war nicht fest genug mit dem Pulvergemisch gestopft. Als ich ihn anzündete, brannte das Feuer sofort bis hinunter zum Boden und der Lehmpfropfen wurde herausgeschleudert. Mein Arm war von der Hand bis zum Ellenbogen hinauf versengt und auch mein Mantel fing Feuer. Es fehlte nicht viel, und ich hätte am ganzen Leib gebrannt. Meine Freunde haben mich schnell hochgezogen und in das nächste Wasserbecken geworfen. Nur deshalb kam ich mit dem Leben davon. Das führte dazu, dass die Vobkander lauthals unsere Niederlage bejubelten. Ohne dem etwas entgegnen zu können, fügten wir uns in unser Schicksal und vertagten die Revanche auf das kommende Jahr. Im Jahr darauf, bevor es wieder nach Darveschobod ging, ließen wir beim Metallgießermeister Ravshan einen besonders großen Feuerwerksbehälter gießen. Die Gussform und das Pulver dafür stammten von Mullo Fayz, einem Meister seines Faches. Er mischte Kupferspäne, Eisen, Zink, Messing und Gott weiß was für andere Mineralien in die Pulverladung, die dann nach dem Entzünden eine in sieben verschiedenen Farben sprühende Feuerfontäne ergaben. Das Ganze sah aus wie eine von blühenden Winden und Blumen umrankte Feuersäule, die in den Himmel ragte und rundherum Funken versprühte, glänzend und leuchtend wie das aufgespannte Rad eines Pfaus. Dieser Feuerkelch war so groß und schwer, dass man ihn alleine oder zu zweit nicht tragen konnte. So stellten wir ihn auf ein zwei Meter langes und einen Meter breites Brett, das aus einer Ulme geschnitten worden war.

Dann war es soweit. Der Tag des Festes und der Abend des Spektakels waren da. Vier erfahrene Feuerwerker, einer davon ich, standen, das Brett an den vier Ecken haltend, auf dem Platz bereit. Von beiden Seiten wurden Raketen und Feuerwerkskörper aus der Hand losgelassen. Als es auf den Höhepunkt zuging, zündeten wir unsere in Auftrag gegebene Gussform. Das funkensprühende Feuer schoss gen Himmel und ein Raunen erhob sich bei Freund und Feind. Den Vobkandern klappte die Kinnlade runter. Sie standen mit offenen Mäulern da und trauten ihren Augen nicht. Wir vier brüllten mit Schaum vor dem Mund wie aufgeputschte Kampfkamele, die in der Arena losgelassen wurden und solange das Feuerwerk brannte, drehten wir uns mit dem Brett in der Hand im Kreis wie an ein Mühlrad angeschirrte Pferde.

Noch war kaum die Hälfte des Pulvers verschossen, als unsere Gussform explodierte und dabei das Brett in Stücke riss. Acht Menschen kamen dabei ums Leben. Drei davon waren die Jungs, die mit mir das Brett mit dem Feuerwerk gehalten hatten. Ich kam mit einem gebrochenen Arm davon. Viele andere wurden ebenfalls durch die herumfliegenden Eisen- und Holzstücke verletzt. Die Menge rannte in Panik auseinander und viele wurden dabei niedergetrampelt und verletzt. Zum Glück tauchten wie aus dem Nichts der Qalandar-Derwisch Zarangarigi und Hamro-Gavboz auf und kümmerten sich um die Verwundeten und Verletzten, ansonsten hätte es sicher noch mehr Tote gegeben.

Die beiden (der Derwisch und Hamro-Gavboz) waren damals gerade untergetaucht. Die zwei waren wirklich furchtlose Kerle. Einmal waren 15 bis 20 Männer des Steuereintreibers (*amlākdār*) des Emirs auf die Ländereien eines Bauern gekommen, um die Höhe der Steuern für das dort angebaute Getreide festzulegen. Unter dem Vorwand, die Menge der zu erwartenden Getreideernte schätzen zu wollen, machten sie ihre Pferde los, trieben sie in die Felder und verfütterten das dort wachsende reife Getreide an die Pferde. Der Bauer rief: „Werte Herren, womit soll ich meine Steuerschuld begleichen, wenn Ihr das Getreide an Eure Pferde verfüttert und alles niedertrampelt?" Einer der Steuerbeamten entgegnete ihm: „Wie redest du mit uns?" und versetzte ihm einen Hieb mit seiner Reitpeitsche. Der Bauer sank wimmernd zu Boden. Just in diesem Moment kam der Qalandar mit Hamro-Gavboz des Weges, und sie erkundigten sich, warum der Bauer weinte. Der Bauer erzählte ihnen, was geschehen war. Die beiden wurden zornig und beschimpften die Gehilfen des Steuereintreibers. Daraufhin wollten diese die beiden auch mit ihrer Peitsche züchtigen. Die beiden ergriffen jedoch einen langen angespitzten Stock zum Kühetreiben und eine Gabel, die gerade dort herumlagen, und gingen damit auf die Männer los. Einem davon fügten sie eine blutende Kopfwunde zu. Die Männer zogen ab und erstatteten dem Steuerbeamten Bericht über das, was zwischen ihnen und dem Qalandar und Hamro-Gavboz vorgefallen war. Der Steuereintreiber befahl, die beiden aufzugreifen und ins Gefängnis zu werfen. Aber die beiden hatten sich bereits versteckt und entzogen sich so der Festnahme. Obwohl dieser Vorfall bereits zwei Jahren zurücklag, konnten sich die beiden noch immer nicht frei in der Öffentlichkeit zeigen. Am Abend des Feuerwerk-Wettstreits hatten sie sich heimlich unter die Zuschauer gemischt und retteten so einigen Menschen das Leben.

Ahmad fragte: „Bobo, haben die Machthabenden (*hākimān*) diese Feuerwerkerei anschließend verboten?"

„Nein, nein", antwortete Niyoz Guppon, „wir haben uns in jener Nacht versteckt gehalten und Dschalal ud-Din Amin hat als Vermittler von allen beteiligten Feuerwerkern dreitausend Tanga eingesammelt und das Geld unter den vier Herrschern von Ghidschduvon verteilt. Daraufhin haben diese zur Beruhigung der Leute acht arme Teufel festnehmen lassen, von denen keiner jemals irgendetwas mit dem Feuerwerk zu tun hatte, und diese in die Verbannung geschickt. Wir kamen ungeschoren davon und konnten weiter unserer Leidenschaft nachgehen. Und obwohl mir meine rechte Hand noch immer

Probleme bereitet, kann ich mit der linken alle Arten von Feuerwerk bedienen. Aber es gibt da noch eine andere Sache, die ich erlebt habe und die mir bis heute keine Ruhe lässt. Eigentlich wollte ich ja gerade davon erzählen, aber dann kam die Erinnerung an das Feuerwerk hoch und ich bin ein wenig abgeschweift..."

„Einmal war ich noch spät abends auf dem Basar und kam erst los, als die Sonne schon untergegangen war. Es war schon Schlafenszeit, als ich am Heiligengrab vorbeikam. Es war eine tiefschwarze Nacht und die Dämonen und Geister kamen mir in den Sinn. Ich konnte meinen Blick nicht vom Friedhof abwenden. Plötzlich bemerkte ich, dass in einer Ecke des Friedhofs Flammen züngelten. Und ich, der ja sonst keinerlei Angst vor Feuer hat, fing bei diesem Anblick sogar an zu zittern. Denn das waren ja Geister. Und würde ich keinen Talisman unter der Achsel tragen, dann hätten mich diese Geister ganz sicher verbrannt. Das Amulett hat mich gerettet. Aber seit jenem Tag fürchte ich mich vor Feuer. Ich sehe immer Geister in den Flammen. Ich weiß gar nicht, ob ich in der Lage bin, in diesem Jahr beim Wettstreit der Feuerwerker mitzumachen oder nicht! Daher finde ich es auch nicht in Ordnung, dass ihr euch über Ruzimurod (der durch den Stier erschreckt und ohnmächtig wurde) lustig macht. Die Angst vor Dämonen und Geistern ist nicht unbegründet."

Da meldete sich Ahmad zu Wort: „Bobo, ich will vor Ihnen nicht groß angeben, aber vor Geistern und solchem Quatsch habe ich überhaupt keine Angst." Darauf sagte Schokir: „Jungchen, du bist noch ein bisschen grün hinter den Ohren, spiel' dich also lieber nicht so auf. Jetzt hier im Kreis von 15-20 Freunden kannst du leicht großspurig daherreden. Aber geh mal nachts alleine zum Friedhof, dann wirst Du schon merken, dass du den Mund ein bisschen zu voll genommen hast. Denn wenn du dann noch immer so ungläubig tust, dann erschlagen dich die Geister, noch ehe du einen Laut von dir geben kannst."

Ahmad wurde zornig und blaffte zurück: „Schokir, blas dich mal nicht so auf, du Bohnenstange, und lass das Gequatsche. Schaut euch ihn an..." Er wandte sich wieder an Schokir: „Wollen wir wetten, dass ich jetzt sofort zum Friedhof gehe und dann wieder hierher zu euch komme!" Auch die anderen versammelten sich jetzt um Schokir und riefen: „Ja, los, wetten wir!"

Niyoz Guppon ging vermittelnd dazwischen und sagte: „Ahmad, komm runter! Ärgere Dich nicht über die Worte von einem, der schon mehr Erfahrung hat als du. Es gibt keinen Menschen, der sich nicht vor Geistern fürchtet. Du bist bloß noch nie welchen begegnet."

"Ob ich welchen begegnet bin oder nicht, das lass mal meine Sorge sein. Ich habe die Wette angeboten, und was ich gesagt habe, gilt" entgegnete Ahmad. Schokir ging darauf ein: „Gut, dann sag, was deine Bedingungen sind!"

Darauf Ahmad: „Du bist der Ältere und der Weisere von uns beiden, sag du die Bedingungen!"

Niyoz Guppon: „Ahmad, sei nicht kindisch!"

Ahmad: „Warum kindisch?" Er zeigte auf Schokir. „Lieber werde ich verrückt und sterbe als Kind, ehe ich so ein Erwachsener werde wie er hier!"

Ruzimurod: „Kein Grund zu streiten, schließt einfach die Wette ab!"

Schokir: „Ok, Ahmad soll sagen, worum es geht."

Ahmad: „Geht die Wette gegen Schokir oder gegen euch alle?"

Ruzimurod: „Gegen uns alle! Klar, dann schlage ich die Wette vor. Wenn du jetzt losgehst und wohlbehalten vom Friedhof zurückkehrst, dann werden wir, solange wir leben, alle *dangona*, *harifona* und *gaschtak* ausrichten, und du musst nichts dafür aufbringen. Und wenn du dabei draufgehst, dann möge Gott dir gnädig sein. Aber wenn du einknickst und vorher umdrehst, dann musst du für uns alle ein großes Fest schmeißen."

„Sehr gut, sehr gut, so machen wir's," stimmten alle dieser Wette zu.

Niyoz: „Ahmad, was hältst du davon?"

Ahmad: „Ich akzeptiere alles, was die Kollegen vorschlagen."

Niyoz: „Ok, dann schlag ein! Gib mir deine rechte Hand!"

Ahmad gab Niyoz die Hand, so wie die Händler es tun, um ein Geschäft abzuschließen. Daraufhin reichte Niyoz Ahmad sein Messer und sagte: „Geh von Osten her um den Friedhof herum, steig dann den Hügel hoch bis zu der Nische gegenüber der Höhle. Dort, in der Nische, machst du mit dem Messer einen Ritz in die Wand und gehst dann runter in die Gärten und von dort durch das untere Türchen weiter hinauf in das Wäldchen, schneidest einen Ast heraus und versteckst dieses Messer dann unter einer Wurzel. Anschließend kommst du hierher zurück. Einverstanden?"

Ahmad: „Einverstanden, aber ich nehme meinen Hund mit!"

Niyoz: „Warum das denn?"

Ahmad: „Weil es auf dem Friedhof einen Haufen Schakale gibt. Wenn ich da ohne Hund hingehe, dann gehen sie ziemlich sicher auf mich los."

Schokir: „Warum sollte jemand, der vorgibt keine Angst vor Dämonen und Geistern zu haben, sich vor Schakalen fürchten?"

Ahmad: „Es ist auf jeden Fall gerechtfertigt, vor Schakalen Angst zu haben. Wenn ein Rudel Schakale einen unbewaffneten Menschen angreift, dann zieht der auf jeden Fall den Kürzeren. Aber die Angst vor Geistern ist Weiberkram."

Schokir, jetzt auch zornig, entgegnete: „Oh Gott, vergib ihm!"

Niyoz: „Hört auf damit. Mit nur einem Wort ist die Sache geklärt. Gleich werden wir wissen, wer hier eine Frau ist und wer ein Mann, wer ein Löwe ist und wer ein Fuchs."

Ahmad stand auf, nahm das Messer von Niyoz und ging zu sich nach Hause. Dort rief er nach seinem Hund Chaibar[11] und machte sich mit ihm an seiner Seite auf zum Friedhof. Einer aus der Männerrunde hatte Mitleid mit Ahmad und sagte, wie schade es doch sei, wenn ein so junger Mensch, von dessen einhundert Blüten noch keine einzige erblüht sei, sein Leben durch nur eine Unüberlegtheit selbst ruiniert. Ein anderer entgegnete: „Sei's drum. Er hat sich sein eigenes Grab gegraben. Niemand hat ihm gesagt, dass er sein Maul so weit aufreißen soll. Was soll aus so einem vorlauten Knaben werden? Heute oder morgen wird er damit auf die Schnauze fallen, soviel steht fest." Und ein dritter fügte hinzu: „Heute Nacht ist heute Nacht. Es wird aber auch ein Morgen geben, und was sagen wir dann seiner Familie, wenn ihm etwas zustößt? Es ist auch die Schuld von Bobo. Auch wenn er kindisch war, der Bobo hätte ihn davon abhalten müssen."

Niyoz: „Was kann ich dafür? Ich habe mehrmals versucht einzulenken, aber er hat nicht auf mich gehört. Ihr kennt doch das Sprichwort: Einen Reisenden soll man nicht aufhalten!"

Ruzimurod: „Mitten in der Nacht auf den Friedhof zu steigen, war eine Schnapsidee. Diese Suppe muss er jetzt auslöffeln. Ihr werdet gleich sehen, wie er auf halbem Weg kehrtmacht und zurückkommt. Mehr wird schon nicht passieren."

Schokir: „Der wird sich nicht trauen, heute zu uns zurückzukommen! In seinem Zorn hat er etwas behauptet und ist dann abgezogen. Der ist von hier aus direkt nach Hause gegangen und hat sich schlafen gelegt. Das Gesicht von Ahmad

---

[11] „Chaibar" war auch der Name des Hundes, den Sadriddin Ajni in Kindertagen besaß.

werden wir erst an dem Abend wieder sehen, an dem er das Fest für uns schmeißt."

Diese Art Unterhaltung war noch in vollem Gange, als Ahmad wieder zur Tür hereinkam. Angst war ihm keine anzumerken. In den Händen hielt er ganz lässig einen grünen Zweig, den er baumeln ließ, als wäre es ein Bund Basilikum, das er eben aus dem Garten geholt hatte.

Niyoz: „Was hast du gemacht?".

Ahmad antwortete: „Alles, wie abgemacht", und legte den grünen Zweig vor Niyoz hin.

Niyoz: „Und was ist mit dem Messer?"

Ahmad: „Das habe ich in dem Busch gelassen, aus dem ich diesen Zweig herausgeschnitten habe."

Niyoz: „Alle Achtung! Ich ziehe meinen Hut!", sagte Niyoz kleinlaut.

„Das ist noch nicht ganz klar", sagte Schokir ungläubig. „Wer weiß, ob er diesen Zweig tatsächlich aus dem großen Friedhof geholt hat oder nicht vielleicht doch nur von der Mauer aus dem Garten hinter seinem Haus?"

Niyoz: „Ahmad lügt nicht. Morgen früh wird sich dann herausstellen, wer Recht hat."

Ruzimurod: „Jetzt sag bloß, dass du den Feen auch noch beim Feiern zugesehen hast?"

„Klar, hab ich!", sagte Ahmad. „Wenn du das Geheul der Schakale für Feengesang hältst, dann hab ich ihren Gesängen genau zugehört. Nur schade, dass sie mit einem Mal verstummt sind, als sie das Knurren von meinem Hund gehört haben. Da haben die Geister dann die Flucht ergriffen."

Ruzimurod: „Ach, sag bloß, und die Dämonen und Drachen im Inneren der Höhle haben wohl auch wegen des Knurrens deines Hundes aufgehört zu schreien und zu schnauben?"

„Nein", lachte Ahmad, „es ging so ein Sturm, dass die Dämonen und Drachen das Hundegebell wohl nicht gehört haben und keine Ruhe gaben."

Dann machte er eine kurze Pause und fügte mit ernster Mine hinzu: „Ihr seid mir die Richtigen. Immer wenn der Wind geht, dann gibt das im Inneren der Höhle ein Geräusch. Und ihr haltet diese Geräusche für Dämonengeschrei und für das Atmen der Drachen. Wie sollten sich auch riesige Drachen, deren Mäuler so groß sind, dass sie damit den Fluss Zarafschan aufstauen und in einem Zug austrinken können, in eine derart enge Höhle zwängen und darin Platz haben. Die Öffnung ist so schmal, dass nicht einmal ein beladener Esel durchpasst. ‚Mensch und Verstand', sagt man. Fehlt aber der Verstand, so ist ein Kopf nichts weiter als ein vertrockneter Kürbis, ein Mund ein nutzloses Loch und die Augen leere Scheiben."

Damit waren all diese Maulhelden mundtot gemacht, mussten sie doch anstelle einer süßen Nachspeise jetzt diese bitteren Worte Ahmads schlucken. Nur Schokir wollte das alles noch immer nicht recht glauben, hielt es jedoch für schlauer, bis zum Tagesanbruch mit der Aufklärung des Falles zu warten... Es wurde Tag, die Sonne ging auf und es war absolut klar, dass Ahmad die ihm gestellte Aufgabe tatsächlich erfüllt hatte. Aber sie glaubten noch immer nicht, dass Ahmad diese Angelegenheit einfach so bewältigt hatte. Stattdessen sagten sie nun, dass sie gar nicht gewusst hätten, dass Ahmad schon vorher zu einem Dämonenbändiger (*devband*) geworden war. Und aus diesem Grund nannten sie ihn von diesem Tag an „Ahmad-i Devband".

VI War Ahmad tatsächlich ein Devband, der trotz seines jugendlichen Alters die Begegnung mit Dämonen und Geistern meisterte und so alle in Staunen versetzte? Oder besaß er einen derart starken Talisman, dass kein Schmerz und keine Qual ihm etwas anhaben konnten?

Die Antworten auf diese Fragen sind in seiner Erziehung zu finden und in den Erlebnissen seiner frühen Kindheit:

Ahmad wurde in eine der Soktarer Hodscha-Familien geboren. Bis er groß war, bekam er nicht weniger Dämonen- und Geistermärchen und Geschichten von der Höhle mit den Drachen, von der Bedeutung des Heiligengrabs, der Gärten und des Wäldchens zu hören als alle anderen. Deshalb hatte Ahmad mit acht, neun Jahren auch besonders große Angst. Selbst die Staubwirbel, die der an manchen Tagen aus entgegengesetzter Richtung kommende Wind erzeugte, hielt er für Bewegungen von Geistern, und es fehlte nicht viel und das Herz wäre ihm beim Anblick dieses Schauspiels stehen geblieben. Insbesondere die alten Frauen, von denen Ahmad als kleiner Junge sehr viele Geschichten und Fabeln zu hören bekam, schmückten ihre Erzählungen immer gerne mit allerlei Märchen von Dämonen und Geistern aus.

Ständig mit dieser Art Märchen konfrontiert zu sein, hatte auf Ahmad einen besonders schlechten Einfluss. Er glaubte nämlich, dass es unter der Erde und in der Luft, unter Obstbäumen, besonders unter den Mehlbeersträuchern und auf Dung- und Aschehaufen von Dämonen, Feen und Geistern nur so wimmelt. Das war auch der Grund dafür, dass sich Ahmad, wenn es dunkel wurde, nicht mehr alleine raus auf die Toilette traute. Und wenn er nachts doch einmal das Haus verlassen musste, dann begleitete ihn dabei immer seine Mutter.

Nur sein Vater ahnte von all dem nichts. Denn als er einmal aus Ahmads Mund „alleine fürchte ich mich aber" hörte, da stauchte er diesen gehörig zusammen und schimpfte anschließend auch die Mutter dafür aus, dass sie aus dem Jungen einen Angsthasen gemacht und einen Feigling großgezogen habe. Seither trauten sich weder Ahmad noch die Mutter vor dem Vater über die Ängste des Sohnes und über Dämonen und Geister zu sprechen.

Eines Nachts war Ahmads Mutter nicht zu Hause. Es war Sommer und sie saßen im Hof. Der Vater Ahmads musste an diesem Abend den halben Morgen Getreide hinter dem Haus bewässern. Die Nacht war ruhig und windstill. Deshalb blieb das schaumige Wasser auf dem Feld stehen und lief nicht wie gewünscht auf einer Seite des Feldes zusammen. Ahmads Vater war ein sorgfältiger Mensch und wollte nicht zulassen, dass aufgrund der Windstille sein Acker verschmutzt werde. Deshalb schnitt er einen belaubten Ast von einem Baum und ging damit auf das bewässerte Feld, um den Schaum auf einer Seite zusammenzuschieben. Während sein Vater mit dieser Arbeit beschäftigt war, blieb Ahmad alleine auf der erhöhten Sitzbank zurück. So ganz ohne Begleitung überbekam ihn die Angst. Aber noch mehr Angst hatte er davor, deshalb seinen Vater herbeizurufen. Der Abend ging schon langsam zu Ende und es wurde dunkle Nacht.

Plötzlich glaubte Ahmad, überall um ihn herum Dämonen, Geister, Dschinnen und Drachen zu sehen. In der Hoffnung, diese nicht mehr sehen zu müssen, schloss Ahmad die Augen. Nach einigen Minuten jedoch schnürte sich sein Herz zusammen und es war ihm, als sei etwas angekommen, das versuchte, sich auf seinen Nacken zu setzen, um ihn zu würgen und zu töten. Da riss Ahmad die Augen auf und sah am Fußende der Bank, auf der er saß, in einem Komposthaufen kleine Hengstfohlen, Hundewelpen, Lämmer, Kälber und anderes kleines Getier. Auf den Rücken der Fohlen waren schöne Sättel mit roten Satteldecken, und an ihren Hälsen hingen an seidenen Bändern Glocken. Auch die anderen Tierchen waren an Beinen und Hälsen mit Glöckchen geschmückt. Sie alle tollten miteinander herum. Sie ritten aufeinander, bissen sich gegenseitig in die Flanken, und immer, wenn sie unten in dem Haufen etwas Leckeres fanden, dann fraßen sie es.

Ahmad wollte seinen Vater rufen, um ihm das alles zu zeigen. Aber in Anbetracht der zu erwartenden Schelte ließ er es lieber. Er wusste ja, wie streng sein Vater auf solche Sachen reagierte. Aber Ahmad hatte solche Angst, dass er sich nicht einmal bewegen konnte. Er zitterte wie jemand mit sehr hohem Fieber und seine Zähne klapperten so laut, dass man es hörte. Ahmad konnte seinen Blick nicht von den Tierchen abwenden, und so sah er, wie sie plötzlich alle in einer Reihe hintereinander auf ihn zukamen. In Panik versuchte er wegzulaufen, aber als er aufspringen wollte, versagten ihm die Beine. „Papa!", rief er aus Leibeskräften und fiel vornüber. Sein Vater brüllte zurück: „Keine Angst, ich bin gleich bei dir!" Die Stimme des Vaters beruhigte Ahmad ein bisschen und er traute sich, seine Augen zu öffnen. Er sah, dass die Tierchen den Rückzug antraten. Einige flüchteten sich aufs Dach, andere auf den Maulbeerbaum, der sich gleich daneben befand, und die übrigen verließen den Hof über einen Gang nach draußen. Innerhalb eines einzigen Augenblicks waren sie alle verschwunden.

Ahmads Vater kam zu ihm. Er nahm seinen Sohn in den Arm, tröstete ihn und fragte, was passiert sei. Ahmad schluchzte und erzählte seinem Vater weinend alles, was er eben gesehen hatte. Ahmads Vater sagte: „Es stimmt, das, was du gesehen hast, waren Geister und Drachen. Aber da ist etwas, was du nicht weißt, und deshalb hast du Angst vor ihnen. Hör jetzt gut zu: Vor langer Zeit ist mein Großvater oft nach Nurato geritten. Er hatte ein besonders gutes Pferd zwischen den Beinen. Als er mit ihm auf den Berg Ghazgham ritt, bemerkte er, dass die Kruppe des Pferdes gebogen war. Mein Großvater dachte nach: Dieses Pferd war keines von denen, deren Rücken durch die Last nur eines Reiters nachgeben, also gab es da noch irgendetwas im Verborgenen. Großvater, der zu den Dämonenbändigern jener Zeit gehörte, griff blitzschnell hinter sich und bekam so ein Büschel loser Haare zu fassen. Er wickelte das Haarbüschel um seinen Unterarm, hielt es fest und sagte: 'Zeige dich, im Namen der *tschilkāf*-Segensformel, wenn nicht, werde ich dich töten!'

Da wurde der Besitzer der Haare sichtbar und mein Großvater sah, dass es der Herrscher der Geister war, der in unserem eigenen Friedhof residierte. Mein Großvater sagte zu ihm: „Wer hat Dir erlaubt mir gegenüber so respektlos zu sein? Weißt Du denn nicht, dass ich ein Dämonenbändiger bin und die *tschilkāf*-Rezitation beherrsche?"

Der Herrscher der Geister antwortete: 'Als Sie aufgebrochen sind, um nach Nurato zu pilgern, da wollte ich auch mitkommen in der Hoffnung, durch Ihre Erhabenheit möge auch mein Bittgesuch angenommen werden. Bis hierher bin ich Ihnen neben dem Steigbügel hinterhergelaufen. Alle kleinen Geister, die uns unterwegs begegnet sind, habe ich gewarnt und ihnen mitgeteilt, mit wem sie es hier zu tun haben. Aber hier (bergauf) habe ich mich vergessen und bin unüberlegt zu Ihnen aufs Pferd gestiegen. Bitte verzeihen Sie mir diese Unhöflichkeit.'

'Mit dieser Unhöflichkeit hast du dir den Tod verdient', entgegnete ihm mein Großvater, 'aber wenn du einen Schwur leistest, dass du fortan keinem meiner Kinder Schaden zufügen wirst, dann vergebe ich dir und lasse dich ungeschoren.' Daraufhin schwor der Herrscher der Geister: 'Weder Ihnen, noch Ihren Kindern und Kindeskindern werde ich jemals Schaden zufügen und auch alle anderen Geister werde ich davon abhalten, dies zu tun.' Dann ließ ihn mein Großvater wieder frei. Dies ist der Grund dafür, dass Dämonen und Geister unseren Familienangehörigen nichts anhaben können. Bis jetzt wusstest du nichts davon und hattest Angst. Nur deshalb sind sie dir erschienen. Wenn du jedoch keine Angst mehr vor ihnen hast, dann werden sie dich von nun an auch in Ruhe lassen", sagte der Vater und ging wieder zurück zu seiner Arbeit. Und Ahmad, wieder alleine, aber nun ganz ohne Angst, schlief ruhig auf dem Sitzgestell ein.

Seit diesem Ereignis war Ahmad ohne Angst, und seit diesem Tag erschienen ihm auch keine Geister mehr, und er ging abends selbst hinaus, um das Feld zu bewässern. Er ging sogar nachts in die Gärten am Rande des Dorfes und an all die anderen Orte, von denen es hieß, dass es dort Geister gäbe. Und Ahmad schwor sich, dass er, falls er doch einmal einen Geist zu sehen und zu fassen bekäme, diesen an das Versprechen erinnern würde, das er seinem Urgroßvater gegeben hatte. Und dann würde Ahmad ihn hart bestrafen für all die Jahre, die er in Furcht vor Geistern hatte zubringen müssen. Aber er bekam nie wieder einen zu Gesicht.

Als Ahmad zwölf Jahre alt war, hatte er lesen und schreiben gelernt und liebte sehr die Dichtung Sa'dis. Eines Tages stieß er beim Lesen in Sa'dis Divan auf folgenden Zweizeiler:

*Geister interessieren sich nicht für Menschen,
keine Angst, Besser hüte dich vor bösen Menschen.*

Er dachte über den Sinn dieses Zweizeilers nach und verstand ihn so, dass Geister den Menschen überhaupt nichts Böses anhaben können, ganz gleich, ob sie einen Schwur geleistet haben oder nicht. Einmal, als sich die Gelegenheit ergab, trug er diesen Zweizeiler seinem Vater vor und fragte ihn, wie er ihn verstand. Sein Vater sagte: „Mein lieber Junge, ich habe gesehen, dass deine Mutter und die anderen Frauen dich mit ihren schauerlichen Erzählungen von Geistern und Dämonen so sehr verschreckt haben, dass es nichts gebracht hätte, dir einfach zu sagen: „Hab keine Angst". Darum habe ich eine Lügengeschichte erfunden, man sagt ja Feuer bekämpft man am besten mit Feuer. Damit habe ich die Angst aus deinem Herzen vertrieben. Da man dir mit Lügen Angst eingejagt hat, habe ich dich auch mit einer Lüge geheilt. Die ganze Geschichte vom Ritt nach Nurato und dem Gelöbnis des Königs der Geister war eine Lüge, die ich mir einzig für diesen Zweck ausgedacht habe. Sa'adi hat ganz Recht, wenn er sagt, dass ein Mensch stärker ist als alles andere. Dämonen,

Geister, Dschinnen und Drachen können den Menschen nicht gefährlich werden. Aller Schaden, der den Menschen jemals widerfahren ist, stammt einzig und allein von den Verwüstungen des Geistes, die durch das Hören von diesen furchtbaren Lügengeschichten angerichtet wurde. Man sagt: „Phantasie ist ein allmächtiger Baumeister" und ihre Vorstellungskraft verwandelt alles in Dämonen. Ihre eigene Phantasie macht ihnen Angst und lähmt sie, lässt ihre Münder schief werden und manchen bleibt davon sogar das Herz stehen, so dass sie sterben. Deshalb denke immer daran, dass Dämonen und Geister keine Macht haben über den Menschen. Das, was den Menschen schadet ist einzig und allein ihre Angst..."

Dann machte sich der Vater daran, Ahmad auch die zweite Zeile der Strophe Sa'dis darzulegen und sagte: „ 'Bitars az ādamān-i devsār' bedeutet nicht, dass man sich vor ihnen fürchten und davonlaufen soll, oder dass man vor ihnen den Kopf einziehen und alles, was sie sagen, akzeptieren muss. Sondern es ist nötig, alles zu tun, um die durch sie verursachten Schäden abzuwenden. Ganz so wie es Sa'di in dieser qasida ausgedrückt hat:

Vergelte Schlechtes mit Schlechtem und Gutes mit Gutem, Sei eine Rose unter Rosen und ein Dorn inmitten Dornen..."

Ahmads Vater glaubte an die Existenz von Dämonen, Geistern, Dschinnen und Drachen. Von den anderen unterschied er sich nur darin, dass er fest davon überzeugt war, dass diese Viecher den Menschen keinen Schaden zufügen können. Da er seinen Sohn in gleicher Weise erziehen wollte, legte er seine Gedanken noch einmal genauer dar und sagte: „In manchen Nächten erscheinen auf Friedhöfen und an anderen Orten kleine Flammen, die aussehen wie glühende Kohle. Dabei handelt es sich um Geister, aber das ist auch schon alles. Was soll schon passieren von einem glühenden Kohlestückchen.

Da ist ja eine Ladung Asche aus dem Herd gefährlicher." Das alles ließ er seinen Sohn wissen. Und dies war der Grund, weshalb Ahmad die Heldentat vollbrachte, nachts um diese späte Stunde alleine zum Friedhof zu gehen, wozu nicht einmal der Anführer der Jungspunde trotz all seiner Kraft und seines Heldenmutes imstande war, so dass er die Wette gewann.

*

Ahmad setzte seine Ausbildung fort. 25 Jahre lang lebte er an den Madrasas von Buchara, studierte dort und lehrte dort. Unter den Lehrern und Schülern dieser Hochschulen war er der einzige, der keine Angst hatte vor Dämonen und Geistern.

Einmal in einer Sommernacht saß Ahmad mit einigen Mulla-Schülern im Blumengarten der Badalbek-Madrasa, als einer von ihnen aufstand, um auf die Toilette zu gehen. Nach einigen Minuten hörte man von draußen einen lauten Schrei. Ahmad und die übrigen rannten in die Richtung, aus der der Schrei gekommen war und fanden den Studenten im Dreck liegend vor. Sie fragten, was los sei und wie es ihm gehe, und er antwortete, er hätte einen Geist gesehen. Ahmad lachte und fragte: „Wo ist denn der Geist?" Da zeigte der Student auf den Sockel einer Mauer und sagte: „Ich sehe dort unten eine Flamme." Alle sahen es und verfielen in Panik. Nur Ahmad ging seelenruhig auf das Feuer zu, trat mit seinen Schuhen darauf und bedeckte die Flammen mit Staub, bis sie erstickten. Damit waren alle überzeugt, dass Ahmad tatsächlich ein Dämonenbändiger sei.

Seit dieser Nacht waren einige Jahre vergangen und in Buchara hatte sich eine Revolution des Denkens vollzogen. Auf einmal waren Zeitungen, Zeitschriften und alle Arten wissenschaftlicher Bücher aus der ganzen zivilisierten Welt erhältlich. Und einer der neuen Leser dieser Literatur war

„Ahmad, der Dämonenbändiger". In einer wissenschaftlichen Publikation las er einmal, dass ein Teil von Knochen aus einem Stoff namens Phosphor besteht, der nachts, besonders wenn es heiß war, leuchtete und dass dieses Leuchten von Menschen leicht für Feuer gehalten werden konnte. Und immer dann, wenn Knochen zu Staub zerfallen, wird dieser Stoff freigesetzt. Da war es nicht weiter verwunderlich, dass es nachts auf den Friedhöfen manchmal leuchtete, da es hier ja viele verrottende Knochen gab. In einem Geschichtswerk las er auch, dass die Badalbek-Moschee über einem alten Friedhof errichtet worden war. Und da wusste er, dass die Flämmchen, die dort vor Jahren die Studenten in Aufregung versetzt hatten, nichts anderes waren als leuchtender Phosphor.

Bis zu diesem Tag hatte Ahmad an Geister geglaubt, so wie sein Vater daran geglaubt hatte. Aber wie sein Vater ging auch er davon aus, dass diese Geister den Menschen keinen Schaden zufügen können. Grund für seine Annahme, dass es Geister gab, waren eben jene nächtlichen Flammen. Als er jedoch durch die Lektüre von wissenschaftlichen Büchern herausfand, dass dieses Leuchten von Phosphor herrührte, hatte er den Beweis dafür, dass es so etwas wie Geister nicht gab in dieser Welt. Und dass all das, wovor die Leute Angst hatten und von ihnen Dämonen, Feen, Dschinn und Adschina genannt wurde, also entweder reine Einbildung war oder Phänomene, die Chemikern und anderen Wissenschaftlern wohlbekannt waren. Und obwohl Ahmad nie eine ordentliche Schule abgeschlossen hat, wurde er durch seine Erfahrung und sein Selbststudium zu einem gebildeten Pädagogen, der jede Gelegenheit nutzte, die Menschen darauf hinzuweisen, dass man Kinder nicht durch Ängste erziehen soll, damit sich keine Dschinnen, Geister und anderer Aberglaube im Denken der Kleinen festsetzt. Und wer es doch weiter tut, der wird dadurch die Zukunft, das Leben und die Gesundheit seiner Kinder ruinieren.

Moderne Zähmungsversuche

Ein Kommentar von Thomas Loy zu den Geistergeschichten von Ajni (1928) und Azizi (1929)

In den 1920er Jahren tauchen in den Werken einiger prominenter Literaten Sowjetzentral-asiens Geister auf. Sadriddin Ajni (1878-1954), Abdulla Qodiriy (1894-1938) und auch weniger bekannte Autoren wie etwa Bahriddin Azizi (1894-1944) und Abdusalom Pirmuhammadzoda (1911-1962) waren fasziniert von dunklen Höhlen, ausgetrockneten Flussläufen und dem Unbekannten, das sich dort verbarg. Schauerliche Geschichten dazu kannten sie alle aus den Märchen und Erzählungen ihrer Kindheit und Jugend. Und viele Menschen um sie herum, erzählten und glaubten diese Geschichten auch dann noch, als in der Sowjetunion das 10-jährige Jubiläum der Oktoberrevolution gefeiert und die Wirtschaft auf einen Fünfjahresplan umgestellt wurde. Doch die dunklen Höhlen gab es noch immer. Sehr weit war man noch nicht in sie eingedrungen, und das Licht der Aufklärung und Wissenschaft strahlte noch nicht hell genug, um alle Winkel und Tiefen auszuleuchten und die darin lauernden Gefahren zu bannen. Die meisten Menschen machten nachts noch immer einen großen Bogen um diese Unorte, um den dort hausenden Geistern und Dämonen ja nicht zu begegnen. Eine Gattung dieser Geister sind die Dschinn – aus dem Feuer geschaffene, übernatürliche Wesen, die den Sinnen verborgen sind und den Menschen heimsuchen, meist in der Absicht, ihm zu schaden. Nur Magier, auserwählte Abenteurer (Aladin) und speziell ausgebildete und befähigte Sufimeister waren in der

Lage, sie im Zaum zu halten und ihre zerstörerischen Kräfte zu kontrollieren.

Woher auch immer diese Geister stammten, in den späten 1920er und in den 1930er Jahren fesselten und faszinierten sie die Literaten Zentralasiens. Gerüstet mit Erkenntnissen der modernen Wissenschaft, revolutionärer Lichtsymbolik und sowjetischem Aufklärungswillen richteten sie ihre Blicke in die Finsternis. Vielleicht spürten sie dort aber auch die Gefahren der Gegenwart. Die sowjetische Geheimpolizei dürfte einigen von ihnen als die jüngste Inkarnation dieser mächtigen und bösen Geister erschienen sein. Zumindest endete die Begegnung mit ihnen für einige tödlich, auch für Bahriddin Azizi, der 1937 verhaftet wurde und sieben Jahre später in einem sowjetischen Straflager starb. Sadriddin Ajni kam mit dem Schrecken davon.

Die beiden hier erstmals in deutscher Übersetzung vorgestellten Kurzgeschichten (*hikoya*) wurden am Ende der 1920er Jahre in der zwischen 1927 und 1932 monatlich erscheinenden, ersten tadschikischen Zeitschrift *Rahbar-i donish* veröffentlicht. Den Anfang machte Sadriddin Ajni mit „Ahmad-i devband" (Rahbar-i donish, Nr. 8/9 (1928), S. 45-51 (Teil 1) und Nr. 11/12 (1928), S. 28-32 (Teil 2)). Ein Jahr später folgte Bahriddin Azizi mit seiner Erzählung „Tschil hudschra" (Rahbar-i donish, Nr. 10/11 (1929), S. 37). Eine Übersetzung von Abdulla Qodiriys Kurzgeschichte „Das Fest der Dschinnen" (*Jinlar bazmi*) aus dem Jahr 1921 findet sich in *Abdulla Qodiriy & seine Zeit. Festschrift für Barno Aripova.* (edition tethys: Potsdam 2018, S. 107-112). Auch für Qodiriy endete die Begegnung mit den sowjetischen Dämonen tödlich. Hamid Ismailov erzählt davon in seinem faszinierenden Roman *The Devils' dance* (2017).

Bahriddin Azizi:
Die Tschil-Hudschra-Höhle

Übersetzung aus dem Tadschikischen Thomas Loy[1]

Drei Farsakh (24 Kilometer) südwestlich der Stadt Uroteppa liegt das Dorf Shahriston. An dessen Rand befinden sich die Ruinen einer Jahrtausende alten Stadt, die der Orientalist Barthold als Ruinen der antiken Stadt „Kirapul" identifiziert hat.

Ich kann mich erinnern, als Kind einmal einen Ausflug in dieses Dorf Shahriston gemacht zu haben. Einer der mich dorthin als ortskundiger Reiseleiter begleitenden Mullas bezeichnete die Ruinenstadt mit dem Namen „Qahqa" und zeigte uns einige natürliche und einige künstliche Formationen, die mit den Kämpfen Alis in Verbindung standen: „Diesen Felsen hier hat Ali von jenem Ort aus [hierher] durch die Luft geschleudert, von hier aus hat er die Stadt angegriffen", und so weiter und so fort.

Der Mulla selbst hatte sich diese Märchen aus dem Buch „Die Siebzehn Glaubenskrieger" (*Hafdah ghazot*) angelesen.

Dann brachte er uns an einen Ort etwa einen Chaghrim südlich der Ruinenstätte. Dort, auf einer runden Anhöhe, gab es eine Höhle, die die lokale Bevölkerung Tschil hudschra nannte. Was es mit dieser Höhle auf sich hatte und wie sie beschaffen war, beschrieb mir mein Gewährsmann und Reiseführer wie folgt: „Diese [Höhle] ist [wie] ein Amulett, das unsere lieben Vorfahren errichtet haben. Es besteht aus vierzig Räumen. In jedem dieser Räume öffnen sich, wenn

---

[1] Die Erzählung „Tschil Hudschra" erschien in der Zeitschrift *Rahbar-i donish* (1929, Nr. 10/11, S. 37) in arabischer Schrift.

man ihn betritt, weitere drei Türen. Auf diese Weise gelangt man bis zum vierzigsten Raum. Diesen kann [aber] niemand betreten. Und versucht dennoch jemand hineinzugelangen, dann stürzen sich riesige Falter, die von den Engeln sind, auf den Eindringling und hindern ihn daran. Und die Wahrheit und das Wesen dieses Amuletts kennt niemand außer Gott...?!"

Einige Jahre später...

Durch die Verbreitung und Vermehrung der Aufklärung als Ergebnis der Großen Oktoberrevolution haben sich die Märchengeschichten der Sheichs und Mullas erübrigt. Jetzt kann jeder durch die Linse der gesellschaftlichen Erziehung alles, was er sieht, durch den eigenen Verstand abwägen und prüfen. Ich war also noch einmal einen Blick auf das Dorf Shahriston. Ich weiß [mittlerweile], dass die Ruinen Shahristons von der antiken Stadt „Kirapul" stammen, die im sechsten Jahrhundert vor Christus vom Iranischen König Sirus erbaut wurde. Aber was hat es mit der Tschil-Hudschra-Höhle auf sich und was für ein Ort ist das? Auch das muss man mit einem analytischen Auge betrachten und mit dem eigenen Verstand begreifen. Zu diesem Zweck habe ich eine Kerze und Streichhölzer eingesteckt und habe mich mit einem Freund (Genossen) dorthin aufgemacht. Das Ansehen und die Herrlichkeit, die dieser Ort besaß, ist ganz und gar vom Glanz der Oktoberrevolution überstrahlt und auch die vielen Sheichs und Mullas, die an diesem Hügel zusammengekommen waren und deren Interesse ganz den [gefüllten] Taschen der Bauern und Pilger galt, sind verschwunden. Auf dem Hügel ist davon nichts mehr übrig als ein paar Stofffetzen, die an die Enden der langen Stangen befestigt sind, die auf einem kleinen Gebäude am Höhleneingang aufgestellt sind. Auf der anderen Seite des Hügels befindet sich ein großer Haufen ungebrannter Ziegel. Diese stammen von den eingestürzten Mauern und geben Zeugnis davon, dass seit dem Bau dieser

Mauern einige tausend Jahre vergangen sind. Und sie zeugen auch davon, dass es sich hier nicht um einen natürlichen Hügel handelt, sondern um ein Bauwerk.

Wir öffneten die Tür zur Höhle und gingen hinein. Es war stockfinster. Mit der angezündeten Kerze ging ich voraus. Mein Freund folgte dahinter ins Innere der Höhle. Die ersten vier Meter konnten wir aufrecht gehen. Dann verengte sich der Eingang zur Höhle, dass wir uns nur noch auf dem Bauch liegend vorwärts bewegen konnten. Also krochen wir weiter. Nach drei, vier Metern verzweigte sich der Weg. Der eine davon war etwa zwei Meter hoch, dann endete er und war mit einem Haufen Ziegeln und Erde verschlossen. Der andere Weg führte etwa fünf, sechs Meter weiter und war dann ebenfalls mit Erde und Ziegeln versperrt.

Es gab keine Falter und keine Geister (*dschinn*) die uns davon abgehalten hätten weiter zu gehen. Aber [dennoch] waren wir gezwungen umzudrehen, ohne entdeckt zu haben, wohin uns diese Wege letztlich führen würden. Ich vermute, dass es sich bei dieser Höhle um eines der Bauwerke der alten zoroastrischen Priester handelt.

Auf jeden Fall würde es sich lohnen, wenn jemand von der wissenschaftlichen Abteilung und dem Komitee für Archäologie Schritte unternimmt, um diese Höhle zu erforschen und zu verstehen. Wenn dadurch neue Erkenntnisse gefunden werden, ist das ein Bonus, und wenn nicht, werden so zumindest diejenigen, die noch immer an die religiösen Märchen glauben, davon geheilt...

Ildikó Bellér-Hann:
Geister in Xinjiang

Übersetzung aus dem Englischen Thomas Loy.[1]

Geister und der Glaube an Geister spielten im späten 19. Jahrhundert auch in Xinjiang eine zentrale Rolle im Leben der Menschen. Für viele Männer und Frauen war es sehr wichtig, an den „drei Siebenen" des Monats *säpär*, d.h. am siebten, siebzehnten und siebenundzwanzigsten, um Glück zu beten. In der Nacht des siebten Monats wurde ein „Glücksmahl" aus siebzehn verschiedenen Speisen zubereitet und in einem hübsch eingerichteten Raum angerichtet. Ein Mullah rezitierte bei Kerzenlicht das „Buch des Glücks" (*bäxtnamä*). Als es recht spät war, nahmen die Leute, die das Essen zubereitet hatten, ihre Waschungen vor und verbrachten die Nacht in dem Raum, um ihre Sünden zu bereuen und um Glück zu bitten. Wenn vor Sonnenaufgang niemand den Glücksgeistern begegnet war, legte der Gastgeber den Löffel mit der konvexen Seite nach oben auf das Essen; wenn sie kamen, wurde der Löffel andersherum gelegt. Die Menschen freuten sich und sagten: „Heute Abend kommen die Glücksgeister in unser Haus. Wir sollten beten und dieses Essen zusammen mit Mitgliedern der Moscheegemeinde verzehren." Die Begegnung mit den Geistern - Glück, Reichtum, Ehre und Würde - konnte die Form eines Traums oder ei-

---

[1] Dieser Auszug ist entnommen aus Ildikó Bellér-Hann:*Community Matters in Xinjiang, 1880-1949. Towards a historical anthropology of the Uyghur.* (Leiden, Boston: Brill, 2008, S. 378-385.) Auf die in diesem wissenschaftlichen Text enthaltenen Fußnoten mit Quellenverweisen haben wir bei der Übersetzung verzichtet.

ner Vision annehmen. Man glaubte, die Geister des Glücks stammten vom mythischen Berg Kuh-i Qap, und wenn sie einem Menschen begegneten, machten sie ihn von Tag zu Tag wohlhabender. Selbst wenn die Menschen ihnen auf keiner der „Sieben" begegneten, waren sie mit Glück gesegnet, wenn sie das zeremonielle Mahl vorbereiteten. Aber diejenigen, die es versäumten, diese Vorbereitungen entsprechend ihren finanziellen Umständen jährlich zu treffen, so glaubte man, würden ihr Glück aufs Spiel setzen und verlieren.

Dieses Ritual, das keine Entsprechung im islamischen Kalender hat, teilt eine Reihe von Elementen mit dem Barat. Unter den Teilnehmern waren Männer und Frauen, die Wache hielten, ihre Sünden bereuten und um Glück baten. Ein zeremonieller Text wurde rezitiert, und das Mahl wurde gemeinsam eingenommen. Eine weitere Verbindung zwischen diesem Ritual und dem Barat war das öffentliche Gebet der Taranchi-Mädchen zur Mutter des Glücks in der Nacht des Barat.

Wie in vielen anderen Teilen der Welt wurde auch in Ostturkestan versucht, die klimatischen Bedingungen, insbesondere das schlechte Wetter, zu beeinflussen, das die Ernten und damit das Überleben der Gemeinschaft gefährdeten. Im Gegensatz zu anderen magischen Praktiken, die privat oder unter Beteiligung enger Familienangehöriger durchgeführt werden konnten, war Wetterzauberei per Definition ein Gemeinschaftsunternehmen, da schlechte Wetterbedingungen alle Bauern gleichzeitig betrafen. Um schlechtes Wetter abzuwenden, versammelten sich die Menschen in Kashgar und rezitierten den Gebetsruf.

Auch in Zeiten schwerer Dürre war ein magisches Eingreifen dringend erforderlich. Dem Ritual ging idealerweise der lange Rückzug des Regenmachers an einen einsamen Ort oder zu einem Schrein voraus, wo er Gebete rezitierte. Dann bringt der Regenmacher einen Stein, der im Darm eines Tieres gefunden wurde, und legt ihn in ein Gefäß, das mit dem Blut eines Vierbeiners gefüllt ist, der kürzlich geschlachtet wurde. Dieses Blut wird mit Hilfe eines Schneebesens aus Weidenzweigen gerührt. Währenddessen rezitiert der Regenmacher Beschwörungsformeln. Die Zeit für das Eintreffen des Regens kann angegeben werden, aber normalerweise behält sich der Regenmacher zwei Tage der Gnade vor. Wenn während dieser Zeit kein Regen erscheint, bittet er um eine Frist von acht Tagen, während der er Tag und Nacht betet. Wenn es auch dann nicht regnet, bedeutet dies, dass die Feinde des Regenmachers gegen ihn arbeiten.

Gebete für Regen wurden ziemlich oft in den Wintern unternommen, in denen in den Bergen wenig Schnee fiel, so dass im Sommer ein Wassermangel in den Flüssen zu erwarten war. Gemeinsame Gebete für Regen wurden auch in den Moscheen durchgeführt. Sobald in den Bergen Schneemangel festgestellt wurde, schickte man eine Deputation zum chinesischen Beamten, der den Mullahs befahl, für Regen und Schnee zu beten. Gelegentlich wurde die interethnische Zusammenarbeit genutzt, um die Wirksamkeit der Rituale zu gewährleisten; islamische Gebete konnten von der Rezitation chinesischer Gebete begleitet werden. Regenrituale konnten manchmal schief gehen, wie es Anfang des zwanzigsten Jahrhunderts in Kashgar belegt ist: „Einmal im zeitigen Frühjahr, nach einem trockenen Winter, als sehr wenig Schnee auf die Berge gefallen war, wurde den Mullahs befohlen, besondere Gebete zu sprechen. In ihrem übermäßigen Eifer übertrieben es die Mullahs. Schwarze Wolken hingen lange Zeit über den Bergen, und ein tropischer Regenguss prasselte auf die Stadt nieder, riss Mauern nieder und zerstörte Häuser, wobei viele Menschen ums Leben kamen. Die verängstigte Bevölkerung eilte aus Angst vor weiteren Katastrophen mit Klagen gegen die Mullahs wegen ihrer Exzesse in den Taotai. Der Gouverneur, stets auf die Bedürfnisse seines geliebten Volkes bedacht, rief die schuldigen Mullahs zusammen und drohte ihnen mit Prügelstrafe, wenn der Regen nicht sofort aufhöre. Diese Weisheit des energischen Gouverneurs wurde von brillanten Ergebnissen gekrönt. Die Gebete der Mullahs stoppten sofort den übermäßigen Niederschlag von Luftfeuchtigkeit und verhinderten so eine weitere Katastrophe."

Magie konnte auch gegen kalten Wind eingesetzt werden. Ein Mullah aus Yarkand konnte gegen Zahlung einer bestimmten Gebühr Amulette für die Mitglieder einer Karawane schreiben, die sie dann auf ihrer ganzen Reise mit sich führen mussten.

Die Wetterzauberei war nur eine der vielen Möglichkeiten, mit denen Menschen versuchten, übernatürliche Kräfte zu kontrollieren. Die Kontrolle wurde erleichtert, indem sowohl gute Geister als auch Engel und böse Kreaturen klassifiziert und benannt wurden. Die Mullahs von Kashgar und Yarkand liefern Beispiele für emische Klassifikationen und Wahrnehmungen von Gut und Böse, die sich im Großen und Ganzen ergänzen. Die Engel (*färishtä*), die oft im Zusammenhang mit Lebenszyklusritualen erwähnt werden, wurden aus Licht erschaffen, und ihre Seelen waren heilig. Sie waren immer gehorsam und beteten Gott an. Im Gegensatz zu Menschen und Dschinn wurden sie nicht in männliche und weibliche Wesen unterteilt, konnten sich nicht fortpflanzen, weder essen noch trinken und galten als unsterblich. Engel spielten eine herausragende Rolle im Glauben an den Tod und das dualistische Konzept der Seele. Den Engeln Munkir und Näkir wurde eine eschatologische Bedeutung zugeschrieben: Nachdem ein Toter ins Grab gelegt und sieben Spaten Erde auf ihn geworfen worden waren, rezitierte ein Mitglied der Moscheegemeinde Verse aus dem Koran. Das Grab wurde dann von diesen beiden Engeln, die feurige Streitkolben bei sich trugen, aus der Richtung der qiblä betreten. Sie befragten den Verstorbenen auf Arabisch, aber es gab kein Verständigungsproblem, da „Gottes Boten in allen Sprachen sprechen, denn alle menschlichen Sprachen sind Gottes Schöpfung". Im Gegensatz dazu hatten die Dschinn und deren verschiedenen Unterarten einen ausgesprochen anthropomorphen Charakter. Aus Angst vor den Dschinn vermieden die Menschen in Yarkand am Mittwochabend bewusst das Schlafen im Freien, da dies als die Zeit galt, in der potenziell schädliche übernatürliche Wesen, darunter *div, päri, jin, albasti* und *shaytan*, aus ihren Behausungen auf dem mythischen Berg Kuh-i Qap kamen. Menschen, über deren Köpfen sie auf ihren Wegen hinwegflogen, wurden unweigerlich krank. (In einigen Regionen wurden einige davon positiver verstanden: So wurde z.B. bei den Usbeken die *päri* auch als helfender Geist beschrieben.) Die Dschinn, diese gefährliche Wesen, die im islamischen Volksglauben allgegenwärtig sind und deren Existenz auch vom Koran bestätigt wird, wurden nach ihrer Behausung klassifiziert: diejenigen, die auf Friedhöfen spukten, diejenigen, die in die Häuser der Menschen eindrangen und diejenigen, die von den Hufen der Zugtiere lebten. Dschinns, die auf Friedhöfen lebten, galten als harmlos für den Menschen. Diejenigen, die in den Häusern der Menschen wohnten, hatten die Angewohnheit, alle Nahrungsmittel abzulecken, die in offenen Behältern herumlagen; wenn Menschen diese Nahrungsmittel verzehrten, wurden sie krank. Einige begnügten sich nicht damit, die Reste einfach nur zu essen, sie drangen auch in den Unterleib der nachlässigen Hausfrau ein und schadeten ihr und ihrem Fötus. Haustiere wie Pferde, Esel, Schafe und Ziegen waren ebenfalls gefährdet, insbesondere wenn sie an einem Mittwochabend draußen gelassen wurden. Sie konnten nicht nur von Dschinn gefressen werden; sie konnten durch andere, schwächere oder minderwertige Tiere ersetzt werden, meist aus Rache. Ihr Grundnahrungsmittel waren menschliche Knochen, während sich ihre Tiere von den Exkrementen menschlicher Zugtiere ernährten. Aus dem Rauch des Feuers entstanden, konnten die Dschinn in jeder von ihnen gewünschten Form erscheinen. Eine alternative lokale Klassifizierung teilte sie in weiße Geister (*aq roh*), die für Menschen harmlos waren, und schwarze Geister (*qara roh*), die menschenfeindlich waren. Die Dschinn waren zur Fortpflanzung fähig und, wie die Menschen, sterblich.

Eine Unterart der Dschinn, die „Mutter kleiner Kinder" (*ushaq balilar anisi, umul-sibyan*), lebte in den Ställen in den Füßen von Zugtieren. Sie konnte den Menschen schaden, wenn diese hinausgingen, um sich zu erleichtern. Sie griff auch Frauen bei der Entbindung sowie schwangere Frauen an und verursachte Fehlgeburten. Sie verletzte Neugeborene, indem sie sie säugte, vor allem wenn diese allein im Haus oder im Freien gelassen wurden: Diese Kinder konnten entführt und durch andere ersetzt werden, ohne dass es jemand bemerkte. Der Wechselbalg verlor dann rasch an Gewicht und starb. Sie konnten auch einem Baby schaden, indem sie ihm den Kopf leckten und ihm die Haare ausfallen ließen. Schwangere Frauen und junge Mütter ließen daher oft Gebete für ihren Schutz rezitieren. Der Kontakt mit dieser Kreatur konnte sowohl bei Männern als auch bei Frauen zu Unfruchtbarkeit führen.

Der Albasti wurde manchmal als männlicher Dschinn klassifiziert. Einige stellten ihn sich als einen Gnom vor, der verschiedene Formen annehmen könne, oft die einer behaarten, zerzausten alten Frau mit hängenden Brüsten. In Khotan war er als *alwasku* bekannt und man glaubte, er könne zwölf verschiedene Formen annehmen: Meistens erschien er als Mensch, aber er konnte sich in einen Hund, einen Esel, ein Schaf, eine Ziege oder einen Löwen verwandeln. Wenn es sich dafür entschied, unsichtbar zu bleiben, konnte man immer noch seinen Atem riechen oder seine Stimme oder Schritte hören. Es pflegte einsame Reisende zu erschrecken oder Menschen in ihren Träumen zu quälen.

Mämät Gazi aus Turfan hielt die Albasti für gefährlicher als die Dschinn; er betrachtete sie nicht als Unterart des letzteren. Seiner Ansicht nach waren Bäume in Bergwäldern der bevorzugte Lebensraum der Albastis. Das Gesicht des männlichen Albastis war das eines Mannes, aber er lief nackt herum und hatte sehr lange Haare. Seine weibliche Partnerin hatte riesige Brüste, die sie beim Kampf über ihre Schultern warf. Ihr Hintern war weit geöffnet, und sie konnte nur gefangen werden, wenn sie ihn pflückte; zu jedem anderen Zeitpunkt galt sie als unbesiegbar. Gefährliche Wirbelstürme galten auch als Manifestation der Aktivitäten des Albasti-Shaytans oder eines anderen Dschinns, gegen die nur das Spucken und das Aussprechen von Gottes Namen half. Wenn keine solche Vorsichtsmaßnahmen getroffen wurden, riskierten die Menschen noch größere Katastrophen.

Moderne ethnographische Beschreibungen vermischen die Gestalt der Albasti mit der der Umul-Sibyer und machen beide für Schwierigkeiten bei der Geburt, überfällige Babys, Schwierigkeiten bei der Ausstoßung der Nachgeburt oder Totgeburten verantwortlich.

Das böse Auge Meine Quellen sind ebenso aufschlussreich über eine andere potenzielle Quelle des Unglücks: den bösen Blick, der ebenfalls in der gesamten islamischen Welt und darüber hinaus weit verbreitet ist. Der häufigste Ausdruck für den bösen Blick unter Türken war *yaman köz*, ein wörtliches Äquivalent des Englischen, aber er wurde häufig in einer Wortverbindung verwendet: Wenn ein Kind betroffen war, hieß es, dass „ein Auge das Kind berührt hat" (*baliga köz tägdi*).

Es wurde festgestellt, dass „Menschen, die vom bösen Blick betroffen sind, die Fähigkeit haben, andere Menschen zu „essen", und daher wurde es bei der Auswahl einer Frau als sehr wichtig erachtet, „sich zu vergewissern, dass sie nicht vom bösen Blick betroffen ist". Frauen waren häufiger betroffen. Obwohl die lokale Klassifikation böser Einflüsse zwischen dem bösen Blick und bösen Geistern unterschied, überschnitten sich die gegen sie empfohlenen Heilmittel manchmal erheblich. Sie basierten oft auf der Idee der Täuschung oder der Heimlichtuerei, obwohl auch Ausräuchern, die Verwendung von Gegenständen mit angenommenen medizinischen Eigenschaften, Zauberformeln, Zaubersprüchen und andere Methoden beliebt waren.

Eine angeblich wirksame Methode, böse Geister zu betrügen, bestand darin, Kinder zu deren Schutz mit unschönen Namen anzusprechen wie „Dieb" oder „Fetzen" und ähnlichen. Man achtete darauf, ein Neugeborenes nicht einem Fremden zu zeigen, um das Kind vor möglichen Gebrechen zu schützen. Dem gleichen Zweck diente es, das genaue Alter des Babys geheim zu halten. Die Gesichter kleiner Kinder wurden oft geschwärzt, um sie hässlich aussehen zu lassen und so die Aufmerksamkeit des bösen Blicks und der Dschinn abzulenken, wie im folgenden Fall geschehen: Solange Bachta ein kleines Kind blieb, wurde sie nur sehr selten gewaschen ... Aber es war nicht durch Nachlässigkeit oder mangelnde Sorgfalt, dass ihre Mutter Bachta schmutzig bleiben ließ. Im Gegenteil, es waren Aufmerksamkeit und Liebe, die hinter ihrem Verhalten standen. Wenn Bachta schmutzig war und in schmutziger Kleidung herumlief, war ihre Schönheit nicht so ausgeprägt, und so war sie viel besser vor dem bösen Blick geschützt.

Kinder konnten gefährdet werden, wenn sie falsch angesprochen oder angesprochen werden. Dem konnte man entgegenwirken, indem man eine Handvoll Erde von der Schwelle des Hauses oder Abfall oder ein Stück Watte von der Kleidung der Besucher nahm: All diese Dinge mussten dann verbrannt werden und der Rauch sammelte sich in einer alten Kappe, die danach zwischen die Anwesenden geworfen wurde. All dies wurde von der Aufführung magischer Formeln begleitet. Alternative Heilmittel, wie die Verwendung von sonnengetrocknetem Rattenblut oder den Innereien einer Ziege, konnten auch angewendet werden. Wenn jemand eine andere Person zuhause besuchte und dabei neidische Blicke auf dessen Kind, seine Tiere oder andere wertvolle Besitztümer warf, dann mussten, sobald er das Haus wieder verlassen hatte, die Klümpchen, die von seinen Schuhen gefallen waren, zertrampelt (und aufgesammelt) werden. Dabei wurde folgende Formel rezitiert:

> *Sein Auge war ein böses Auge,*
> *Sein Mund war ein böser Mund.*

Das Haus musste dann ausgeräuchert werden, um die schädlichen Auswirkungen des bösen Blicks abzuwenden. Wenn man im südlichen Xinjiang glaubte, ein Kind sei vom bösen Blick beeinflusst worden, dann rezitierte eine alte Frau: – „Gelobt sei Allah! Es gibt keinen Gott außer Allah. Wenn du ein böser Blick bist, so verschwinde, denn dieser Ort ist nichts für dich. Geh zu einer verlassenen Wassermühle; geh zu einem verlassenen Haus; geh zu einem Grab; geh zum Haus des Kadi. Dies sind die Gebote Gottes, Salomons und der Heiligen."

Kleine Mädchen wurden mit einem Spiegel vor dem bösen Blick geschützt, kleine Jungen mit einem Messer, das in der Nähe des Kopfes des Babys platziert wurde, da sowohl Spiegel als auch Stahl von bösen Geistern sehr gefürchtet wurden. Amulette (*tumar*) boten ebenfalls Schutz. Ein Amulett bestand aus einem kleinen, dreieckigen Ledersäckchen, das an einer Schnur um den Hals getragen oder in die Mütze der zu schützenden Person eingenäht wurde. Es enthielt ein Stück Papier mit Koran-Zitaten, meist aufgeschrieben von einem Spezialisten (*duaxon/ daxan*). Solange Bachta in ihrer Wiege lag, war auch ein Amulett an dem Stück Holz befestigt, das als Griff der Wiege diente. Als sie zu laufen begann, trug sie einen kleinen Kittel, auf den einige seltsame Figuren aufgenäht waren. Ihr Zweck war, dass der böse Blick auf diese Figuren gelenkt und so vergessen sollte, dem kleinen Kind Schaden zuzufügen.

Wenn in Yarkand ein Pferd krank wurde, wurde dies gewöhnlich dem bösen Blick zugeschrieben. Der Spezialist für *duaxon* wurde dann aufgefordert, Gebete zu rezitieren, wobei die Erklärung darin bestand, dass Pferde dem Menschen so nahe standen, dass die für den Menschen bestimmten Heilmittel auch für sie als wirksam angesehen wurden. Alternativ konnte ein krankes Pferd auf den Friedhof geholt und dazu gebracht werden, ein einsames Grab zu umkreisen.

Auch Nutzpflanzen waren potenziell anfällig für böse Einflüsse. Zum Schutz der Pflanzen wurde der Schädel einer Kuh zwischen sie gelegt, und folgende Worte wurden dabei rezitiert: „Mögen sie vor dem bösen Blick, vor Missgeschick und vor Unkraut geschützt werden." Einige Menschen benutzten Gegenstände, die den doppelten Zweck erfüllten, den Träger vor bösen Einflüssen zu schützen und ihm zugleich bestimmte Eigenschaften zu verleihen. Zum Beispiel sorgte ein Wolfszahn dafür, dass der Träger hoch angesehen wurde, seine Klauen schützten Kinder vor bösen Geistern und seine Knochen waren wirksam gegen Feinde. Ein aus einem Hasenherz gefertigtes Amulett schützte seinen Träger vor Kugeln und Pfeilen.

Magische Praktiken wurden für alle Bereiche der biologischen und sozialen Reproduktion empfohlen. Angesichts der hohen Säuglingssterblichkeit war der Schutz von Neugeborenen, Kleinkindern und Frauen bei der Entbindung ein vorrangiges Anliegen. Der Schutz von Eigentum wie Haustieren und Nutzpflanzen war ebenfalls wichtig. Es wurden aber auch Maßnahmen empfohlen, um den Erfolg im Geschäftsleben zu sichern. Bevor sie auf dem Basar Geschäfte machten, sorgten einige Männer dafür, dass die Türschwellen und die Bäume um ihre Häuser herum gründlich gereinigt wurden, um sich die Hilfe der Geister der Toten, denen die Bäume gewidmet waren, und anderer Schutzgeister zu versichern, die um Schwellen und Grenzen herum lauerten.

Während der böse Blick das Ergebnis von unbeabsichtigtem Neid sein konnte, konnte Schaden auch durch das absichtliche Aussprechen eines Zauberspruchs (*oqush*) oder das Ausüben schwarzer Magie (*qasdjilik*) heraufbeschworen werden. Dies geschah, indem man eine Zauberformel auf Zucker, Tee oder Eier lesen ließ, die das Opfer der schwarzen Magie unwissend verzehren würde. Aus einem so „besprochenen" Stoff konnte auch ein Kleid oder Anzug für die zu treffende Person angefertigt werden. Auf diese Weise könnten auch Liebe und Hass zwischen Männern und Frauen manipuliert werden. Schwarze Magie wurde auch ausgeübt, indem Nadeln in eine Puppe gesteckt wurden, die ein Bildnis der betroffenen Person darstellte.

Lutz Rzehak:
Verheiratet mit Dschinns

„Es gibt keinen Gott außer Allah und Mohammed ist sein Prophet."[1] Das islamische Glaubensbekenntnis ist zuallererst ein Bekenntnis zum Eingottglauben. In der religiösen Erfahrung kann sich die Einzigartigkeit Gottes in vielerlei Weise manifestieren. Einige dieser Erfahrungen mögen manchem Strenggläubigen sogar als Zweifel am Eingottglauben erscheinen. So ließen die Taliban in Afghanistan noch vor wenigen Jahren Grabmalkomplexe verschließen, weil viele Gläubige die dort begrabenen Personen verehrten, im Gebet bei ihnen Zuwendung suchten. Doch die Religiosität, die dahinter steht, bleibt trotz solcher Verbote lebendig. Legendenartige Erzählungen über misslungene Versuche, Heiligengräber zu zerstören, waren bereits vor den Taliban Bestandteil der afghanischen Folklore. Die Widerstandskraft gegen eine beabsichtigte Zerstörung gilt sogar als Wundertat und weitere Manifestation der Heiligkeit der dort begrabenen Person. Heilige werden ebenso wie Dschinns („Geister") als Geschöpfe Gottes angesehen. Ihre Existenz und ihre Wundertaten sollen die Einzigartigkeit Gottes nicht in Frage stellen, sondern sie gelten als weiterer Beleg für die Allmacht Gottes.

Ahmadschah ist Anfang vierzig. Er lebt in Dehdadi, einem kleinen Dorf, das ungefähr eine halbe Autostunde von Mazar-e sharif entfernt in der Provinz Balch liegt. Früher, so berich-

---

[1]Dieser Beitrag beruht auf Beobachtungen und Gesprächen aus dem Jahr 1996. Er erschien erstmals im Jahr 2007 in der Zeitschrift *SÜDASIEN* (2) S.74-77 unter dem Titel *Verheiratet mit Dschinns. Formen von Volksfrömmigkeit in Afghanistan*. Wir danken für die Erlaubnis zum Nachdruck.

tet Ahmadschah bei einem freitäglichen Almosenessen, sei er sehr krank gewesen. Er spricht von einer Nervenkrankheit und erzählt, dass er zu niemandem Kontakt hatte, auch nicht arbeiten konnte. Auch das Wort verrückt fällt in diesem Zusammenhang. Nachts hätten ihn Geister heimgesucht, die er als Dschinn, manchmal auch als „Schatten" bezeichnet. Und weil diese Geister niemals einzeln, sondern immer in großer Zahl gekommen seien, beschreibt er sie als Armee (*laschkar*). Kamen die Geister, so musste er wie bei Schüttelfrost am ganzen Körper zittern. Es gebe, so erklärt Ahmadschah den Anwesenden, männliche und weibliche Geister. Sie seien von Menschengestalt und trügen so eng anliegende Kleider, dass man glauben könne, sie seien nackt. Die Geister hätten Haare, aber Bärte, wie sie Muslime tragen, seien bei Dschinns nur selten zu sehen. Die Geister, fährt Ahmadschah fort, hätten ihm Sonne, Mond und Gestirne gezeigt und in tausend und einer Sprache auf ihn eingeredet. Er habe sie nicht verstehen können. In seinem Haus sei eine alte Schultafel gewesen. Drei Monate lang hätten die Geister ihn an dieser Tafel unterrichtet, bis er in einer Sprache mit ihnen reden konnte. Er nennt diese Sprache Zardoschti, also Sprache der Zoroastrier, und hat auch Aufzeichnungen in dieser Sprache gemacht, obwohl er sonst Analphabet sei.

Ein Heft mit Schriftzeichen, die entfernt an chinesische Hieroglyphen erinnern, wird durch die Runde gereicht. Ahmadschah erzählt währenddessen, dass er die Dschinns um Hilfe gebeten habe, wieder gesund zu werden. Einer der Geister habe erklärt, sie könnten ihm nicht helfen, weil er nicht verheiratet sei. Sie hätten ihm deshalb zwei weibliche Dschinns zur Frau gegeben, mit denen Ahmadschah seitdem verheiratet sei. Einer der Anwesenden fragt in einer etwas verklausulierten Weise, ob diese Frauen alle Dienste erbringen würden, die ein Mann von seiner Frau erwarte. Ahmadschah ignoriert das Schmunzeln und verneint. Es sei eine Beziehung, bei der man sich Hallo und Auf Wiedersehen sagt. Die Frauen hätten ihm Trost gegeben, aber keine Heilung.

Beherrschung der Dschinns Inzwischen ist Ahmadschah geheilt. Zu verdanken hat er seine Heilung nach eigenem Bekunden der Person, die auch das Almosenessen veranstaltete. Der Gastgeber mit dem Namen Keschwari fällt durch eine helle, fast weiße Haut auf, wie sie in Afghanistan nur selten zu sehen ist. Sie ist ein Schönheitsideal, weshalb Frauen, deren Gesicht nicht durch einen Vollschleier verdeckt ist, oft nur mit Sonnenschirm auf die Straße treten. Bei Keschwari gilt sie als Ausdruck einer auf göttlicher Segenskraft beruhenden Heiligkeit. Ihm war es gelungen, die Armeen der Dschinns, die Ahmadschah immer wieder heimgesucht hatten, zu bändigen oder, wie er es selbst ausdrückt, „ihren Gürtel zu binden". Unter Keschwaris Anleitung erlernte Ahmadschah die Meditationstechnik des Zikr. Im herkömmlichen Sprachgebrauch bedeutet Zikr „Erwähnung", „Nennung". Der Name deutet an, dass diese Meditationsform in einer ständigen Wiederholung und dabei immer intensiver werdenden Nennung der Namen Gottes besteht, die unter strenger Bewusstseins- und Körperkontrolle zu vollziehen ist. Der Zikr kann laut oder still, einzeln oder in der Gemeinschaft vollzogen werden. Ahmadschah erzählt, dass er für seine Heilung die Schlaflosigkeit gesucht habe. Dem fünfmaligen Gebet, wie es für alle Muslime Pflicht ist, habe er ein individuelles, meditatives Gottesgedenken von der Abenddämmerung bis zum Morgen hinzugefügt, wie Keschwari es ihn gelehrt habe. Schon in frühislamischen Zeiten sollen islamische Mystiker (Sufis) die Suche nach einer Einswerdung mit Gott mit einer Verweigerung des Schlafes begonnen haben. Diesen Initiationsschritt beschrieben sie gern als „Reue" oder „Umkehr". Das entsprechende Wort (*tauba*) verwendete auch Ahmadschah, um seine nächtlichen Meditationen zu beschreiben. Als ihn einige der Anwesenden, von den nächtlichen Meditationen sichtlich beeindruckt, ehrfurchtsvoll als „Mullah" ansprachen, wehrt Ahmadschah dies ab. Er sei Analphabet und habe nie eine Schule besucht. Er selbst spricht seinen Meister, Keschwari, jedoch gern als Mullah an.

Lebende Heilige Keschwari wird in seiner Heimatgegend als jemand angesehen, den man als lebenden Heiligen bezeichnen kann. Der Islam kennt keine offizielle Heiligensprechung. Man bezeichnet solche Personen in den meisten Sprachen Afghanistans deshalb meist einfach als *buzurg* (Persisch: „Großer") oder als Wali. Das zweite Wort ist arabischen Ursprungs und bedeutet eigentlich „nahe stehen", „Freund, Helfer oder Beistand sein". Damit zeigt es sehr klar, worauf sich die Heiligkeit dieser Personen gründet: Sie stehen Gott nah, gelten als Freunde Gottes und werden von Gott mit einer besonderen Segenskraft geehrt. Diese Segenskraft kann jedem Gläubigen zuteil werden, denn sie gilt als eine Belohnung Gottes für eine besonders fromme, ganz und gar auf Gott gerichtete Lebensweise. Eine solche Lebensweise mag zwar für viele Gläubige erstrebenswert sein, aber sie ist mit Entbehrungen und Selbstaufopferungen verbunden, die nicht jeder erbringen kann. Deshalb sagt man über jemanden, der eine ganz und gar auf Gott gerichtete Lebensweise führt, dass er sich sehr bemüht. Keschwari selbst bezeichnet seine Lebensweise als Aufgabe, Pflicht oder Dienst an Gott. Auf Paschto können lebende Heilige auch als Audal bezeichnet werden. Dieses Wort heißt eigentlich „Einsiedler" und deutet an, dass manche Personen auf der Suche nach einer gottgefälligen Lebensweise die Gemeinschaft fliehen, um fern der Verführungen, die das weltliche Leben zu bieten vermag, in Einsamkeit zu leben. Viele lassen sich in der Nähe von Friedhöfen nieder, wo sie in einer ärmlichen Hütte oder in einem Erdloch hausen und von den Gaben der Friedhofsbesucher leben. Bei manchen mag auch Armut oder ein persönliches Unglück Grund für die Wahl dieses Lebensortes gewesen sein. In jedem Fall gelten solche Einsiedler ebenfalls als Freunde Gottes. Friedhofsbesucher erhoffen sich eine starke Wirkung von dem Segensgebet, das Einsiedler zu ihren Gunsten sprechen. Andere ziehen als Wanderderwische (Malang) durchs Land. Oft sind sie in Parks oder in der Nähe von Moscheen zu sehen, wo sie ihr Publikum mit religiösen Liedern und Geschichten zu unterhalten suchen. Manchen Malangs wird nachgesagt, die Ekstase, von der sie sich eine besondere Nähe zu Gott erhoffen, nicht nur durch stilles oder lautes Gottesgedenken zu suchen, sondern auch durch die Einnahme von Rauschmitteln. In diesem Zusammenhang wird auf Datura (Stechapfel) verwiesen. Der Gebrauch von Haschisch ist jedenfalls keine Seltenheit.

Traumerlebnis und Initiation Keschwari hat weder den Weg der Einsiedelei gewählt noch den Weg eines Malang. Seine Suche nach einer besonderen Nähe zu Gott begann - wie so oft in Afghanistan und benachbarten Regionen Zentralasiens – mit einem Traumerlebnis. Sein Großvater sei ihm im Traum erschienen und habe ihn aufgefordert, den mystischen Pfad der Naqschbandiya wieder aufzunehmen, den die Bewohner des Dorfes Dehdadi vor ungefähr siebzig Jahren aufgegeben hatten. Eine Initiation, bei der jemand seinen Meister durch ein Traumerlebnis findet, kann sich in der islamischen Tradition auf einen gewissen Uwais Al-Qarni berufen, der kurz nach dem Tod des Propheten in Südarabien aufgetaucht sein soll und dessen Erscheinen schon der Prophet vorhergesagt hatte. Uwais ist für seine übersinnliche Begabung bekannt. Nach diesem Traumerlebnis, so berichtet Keschwari, habe er sich vierzig Tage inmitten der größten Sommerhitze im Keller seines Hauses eingeschlossen, nur noch gebetet und den Koran rezitiert. Außer trocken Brot und Wasser, so wirft einer seiner Brüder ein, habe er nichts gegessen. Reis und Fleisch habe er ebenso abgelehnt wie einen Ventilator, den ihm die besorgten Verwandten vor die Kellertür gestellt hätten. „Wenn ich die Hitze nicht ertragen kann", soll Keschwari geantwortet haben, „wie soll ich dann die als Opfergabe bestimmte Koranrezitation ertragen können?"

Die Dauer einer solchen Klausur gab ihr den Namen: Tschilla leitet sich von dem persischen Wort für „vierzig" ab. Übereinstimmend bestätigen die anwesenden Brüder, dass Keschwari nach vierzig Tagen als ein vewandelter Mensch aus dem Keller kam. Damals soll er auch die helle Hautfarbe bekommen haben, die ihn als Heiligen auszeichnet.

Huldwunder Personen, die als Heilige gelten, wird oft nachgesagt, Wunder vollbringen zu können. Solche Wunder sind eine Huldigung Gottes. Sie wurden deshalb als Huldwunder bezeichnet und von anderen Wundern unterschieden, wie sie nur Gott oder sein Prophet vollbringen können. Zu den Huldwundern, die Keschwari nachgesagt werden, gehört es, die Dschinns gebändigt zu haben, die Ahmadschah und andere Kranke aus der Gegend um Masar-e Scharif befallen hatten. Er sei dazu besonders berufen, weil sein Großvater es gewesen sei, der die Armeen der Dschinns einmal in diese Gegend gerufen habe. Mehr noch: Keschwari ist in der Lage, die Dschinns kontrolliert herbeirufen und wieder wegschicken zu können. Eine Person, die bereits Kontakte zu Dschinns hatte, dient ihm dabei als Medium. Nach dem Essen möchte er diese Gabe demonstrieren. Er setzt sich direkt vor Ahmadschah und beginnt, arabische Ausdrücke zu sprechen, die mit der Formel „Im Namen Gottes, des Erbarmers, des Barmherzigen" beginnen. Die weiteren Worte werden immer schneller und sind kaum mehr zu verstehen. Klar hervor tritt aber das ständig wiederholte und dabei immer lauter ausgesprochene arabische Wort sargan, das „nachts aufbrechen", „nachts reisen" bedeutet. Dschinns, so wissen die Anwesenden, kommen meistens nachts. Wenige Sekunden später verfällt Ahmadschah in einen ekstatischen Zustand, rudert mit den Armen und brabbelt Worte, die nur noch entfernt an arabische Ausdrücke erinnern. Nach ungefähr einer Minute spricht Keschwari Formeln, die man als entstellte arabische Wendungen deuten möchte. Nur eine persische Abschiedsformel ist klar zu identifizieren. Nachdem Keschwari die Dschinns also offensichtlich wieder verabschiedet hatte, kehrt Ahmadschah in eine normale Verfassung zurück.

Meditatives Gottgedenken Unter der Anleitung von Keschwari hatten die Männer von Dehdadi begonnen, die Sufi-Tradition des Naqschbandiya-Ordens in ihrem Dorf wiederzubeleben. Nach dem Almosenessen, das Keschwari jeden Freitag in seinem Haus veranstaltet, versammeln sie sich in der Moschee zum gemeinsamen Gebet und zum gemeinsamen Zikr. Dass die Naqschbandiya-Tradition eigentlich eine stille Form des meditativen Gottgedenkens empfiehlt, ist ihnen bewusst. Keschwari erklärt, dass sie den Zikr nach den Richtlinien einer anderen Sufi-Bruderschaft, nämlich der Qadiriya, vollführen, weil sein Großvater und Meister dies so gelehrt habe. Der Zikr findet nach dem Mittagessen in der Dorfmoschee statt. Es kommen weit mehr Männer, als zum Essen geladen waren. An den Wänden der Moschee sind auch einige in Vollschleier gehüllte Frauen zu sehen.

Der Zikr beginnt mit dem Glaubensbekenntnis, das die Männer laut und rhythmisch im Chor sprechen und in wachsendem Tempo immer wieder bei den rhythmischen Verbeugungen über die Maße enthusiastisch zeigen, werden von Älteren zurechtgewiesen. Später erhebt sich eine Solostimme über den Chor und trägt in singender Weise persische Gedichte von Dschalaluddin Rumi vor. Die Männer setzen die ständige Wiederholung des Glaubensbekenntnisses fort, wurden dabei immer schneller und verkürzen ihre Worte allmählich und stets im gleichen Rhythmus so sehr, bis nach einer Stunde nur noch das Wort Allah, später nur die zweite Silbe dieses Wortes und weitere dreißig Minuten später nur noch das arabische Wort *hu* („Er") zu hören ist. In der elaborierten Sufiliteratur wird der Zustand, den man mit einer solchen Meditation zu erreichen hofft, als „Entwerden" oder als „Hinwegscheiden vom Bewusstsein der Mystik aller Dinge bis hin zum Fehlen des Bewusstseins über dieses Entwerden" bezeichnet. In den Worten eines praktizierenden Sufis und Heiligen aus Nordafghanistan, Keschwari, klingt das etwas schlichter: „Beim gewöhnlichen Gebet ist man in Gedanken immer noch mit alltäglichen Problemen beschäftigt. Was ist zu Hause los? Was wird die Frau gerade machen? Wie läuft der Laden auf dem Basar? Aber wer einen Zikr beginnt, der vergisst das alles und erreicht einen anderen Zustand. Da gibt es kein Haus mehr, keine Familie, keine Frau und keinen Laden. Da ist alles vergessen. Es gibt nur noch den Namen Gottes!"

Karl Wutt:
Domänen und Dämonen

Die Kalascha Tschitrals gelten als die letzten Kafiren des Hindukusch, weil sie der Zwangsislamisierung (anno 1896) ihrer Nachbarn, der heutigen Nuristani auf afghanischem Boden, entgingen. – Die Religion der Kalascha idealisiert die Hochweiden, die Domäne der Männer, zu Lasten der Felder der Frauen. Die Frauen erzeugen das tägliche Brot, die Männer das festliche Fleisch, die Produkte der Almwirtschaft, hauptsächlich der Ziegen, der heiligen Opfertiere. Die Frauen sind von der Domäne der Männer stärker ausgeschlossen als umgekehrt. Sie gelten als rituell unrein und ziehen sich während ihrer Periode und wenn sie ein Kind bekommen, ins Bashali ('Menstruationshaus'), am Friedhof, am Fluss, zurück. Denn die Ränder des Lebens - Geburt und Tod, Entstehen und Vergehen - werden den Frauen zugezählt. Das Bashali ist das kollektive Geburtshaus eines oder mehrerer Dörfer, in das die einen (Männer) nie mehr zurückkehren, die anderen (Frauen), sobald sie groß sind, immer wieder! Niemand sonst kann es von innen sehen. Das Bashali des Dorfes Brun enthielt eine Skulptur, ein Bildnis der Geburtsgöttin Dezalik, dessen Anblick sich Paolo Graziosi, ein Anthropologe, erschlich, mit dem Resultat eines Artikels: The wooden Statue of Dezalik, a Kalash Divinity (Man, 1961, Article 18). Dasselbe Bashali wurde 1973, als ich erstmals nach dem Dorf Brun kam, noch benützt und stand dann lange leer, bis zu seiner Instandsetzung um 1995, als es außen von Faisa Bibi, einer jungen Frau, reich bemalt wurde, mit dem Bild einer

Filmschauspielerin mit Schnürstiefelchen, die – eine Blume in der Hand – hinter einer Ziege steht.[1]

Die Hochweiden, die doch den irdischen Frauen so verwehrt sind, sind die Domäne himmlischer Frauen, der Feen, mit denen die Männer sich gut stellen, wenn sie auf der Jagd sind: auf die Schraubenhornziege, den Steinbock, einen Schneeleoparden..., kurzum wenn sie am Töten sind. Dieser Zwiespalt zwischen Töten und Tod (Geburt), Mann und Frau, etc., etc., kommt immer wieder auf, bildet topografisch, eine konvergierende Reihe: Anhöhen/Niederungen; Hochweiden/Felder; Oberer Dorfrand (Ziegenhäuser) / Unterer Dorfrand ('Menstruationshaus'); Obere (hintere) Haushälfte / Untere (vordere) Haushälfte. Parallel dazu lassen sich andere Paare bestimmen: Ziegen/Schafe; Glanzfasan (=Symbol der Töter) / Krähe (=Symbol der Toten); Dinge der Brotbereitung / Dinge des Webstuhls; Trinkbecher (der Männer) / Trinkschalen (der Frauen), usw... Unter all diesen symbolisierten Gegensätzen fällt der zwischen Ziegen und Schafen besonders ins Auge. Die Schafe, die man zum Hüten gerne den Teenager-Mädchen überlässt, spielen ökonomisch gesehen eine vergleichsweise geringe Rolle. Aller Reichtum wird in Ziegen gezählt. Wenn ich mit den Ziegen-Hirten der Anhöhen auf die Schafe zu sprechen kam, priesen sie die Ziegen zu Lasten der Schafe, kamen auf die vermeintliche Dummheit der verlorenen Schafe zu sprechen, die sich, in einer Felswand verstiegen, nicht mehr zu helfen wissen, statt dessen blöde blöcken, nach dem guten Hirten rufen. Dagegen die Ziege, dieser graziöse 'Springinsfeld'. Die einfach mit Sprüngen allem entgeht und in der höchsten Not, auf einer Bergesspitze, wenn's sein muss, tanzen kann.

Kultbauten werden bei den Kalascha meist mit geschnitzten Tierköpfen markiert, die Klanhäuser mit Widderköpfen.

---

[1] Siehe dazu Karl Wutt: Die Zeichenbücher der Kalascha. *The Kalasha Drawing Books*, 1973-1997. edition tethys: Potsdam 2019, S. 15.

1973 sah ich am Familienhaus des Gogä im Dorf Brun, als Rangsymbol ein kubistisches Einhorn, eine Darstellung des 'roten Tumbi-Widder': ein Tier, das während des Winter-Sonnwendfestes eine Rolle spielt. Den Kopf des 'roten Tumbi' denkt man sich mit zwei kleinen Ohren (deswegen die Bezeichnung Tumbi) und einem dazwischen aufgerichteten Horn, er ist ein Symbol für das männliche Geschlecht.[2] In seinem Namen formieren sich erotische Märsche. Jenes Rangsymbol am Hause des Gogä könnte damit zu tun haben, dass er ein (Schnee)Leopardentöter war, einst vor einer festlichen Menge mit dem Phää-gondik tanzte (einem zugespitzten Stock, woran die Zunge des Leoparden oder der Kopf eines Glanzfasans steckte), dann nach der Felsplattform Junagar ging, dem Ort der Göttin Kushumai, der Herrin der Tiere und dort den Phää-gondik aufpflanzte. Analog zu den oben genannten symbolischen Gegensatzpaaren (Glanzfasan/Krähe, Töter/Tote...) fallen mir zum herrlichen Phää-gondik die Mastruk-gon genannten 'Mond-Stäbe' ein: elende struppige Stäbe, zum Verscheuchen der Krähen auf den Feldern. Die es früher gab, die abgekommen sind.

---

[2]Das 'kubistische Einhorn' am Haus des Gogä ist in einem Aufsatz über Zeichen und Ornamente der Kalascha abgebildet (*Archiv für Völkerkunde* 30, Wien 1976).

Eine Nacht im Klanhaus der Bulesing-dari, 16/17.12.1981[3]
Vor einer dreitägigen Seklusion nehmen alle ein Bad und wechseln die Kleider. Eine Kälteprobe! Im Dorf Brun in Mumuret tun es Männer und Frauen jeweils gemeinsam an einer eisfreien Quelle. Für islamisierte Verwandte, die im Dorfverband leben, ist es an der Zeit, das Dorf zu verlassen und zu ihren Glaubensbrüdern zu ziehen, während die Festteilnehmer den Talgrund und die muslimischen Gehöfte aus Angst vor einer 'falschen Berührung' vermeiden. Durch bestimmte Rituale tauchen die Dörfer in eine dreitägige, mit sutsch umschriebene Reinheit. Die Männer backen in den Ziegenhäusern schisch-au genannte 'Kopf-Brote', entfachen am Dorfrand ein Feuer, wo die Frauen mit ihren Kleinkindern in ihren schönsten Kleidern, zum Teil mit festlich bemaltem Gesicht, warten, je vier Brote empfangen und mit einem brennenden Zweig der 'Saras'-Pflanze, einer Wacholder-Art, rituell gereinigt werden. Nach Einbruch der Dunkelheit müssen alle Männer durch ein 'Blutverspritzen' hindurch. Ein Zicklein wird dargebracht. Feuer und Steineichenzweig empfangen ihren Teil, das restliche Blut spritzt ein 'Hirten-Priester' in die Menge, die sich darunter zusammen drängt und in ein freudiges Wiehern ausbricht, während sie ein Knabe mit brennendem 'Saras'-Zweig umläuft. Für einige Minuten sind alle diesen Lauten, die sie einfach ausstoßen, so hingegeben, dass sie daraus, wie unter dem anderen Extrem einer tiefen

---

[3] Dieser Text und der folgende („Krähenrufen") sind einem Aufsatz über 'Tschau-mos', dem winterlichen Sonnenwendfest der Kalascha, entnommen (*Archiv für Völkerkunde* 37, Wien 1983). Ich hatte dort 'Tschau-mos' mit 'vier (mal) Fleisch' gedeutet. Es überraschte mich, als ich aus dem Mund eines Tschitrali-Jungen im Dorf Ayun später erfuhr, dass es dafür in seiner Sprache, dem 'Khowar', ein eigenes Wort, 'Tschitri-mas' gibt, obwohl die Leute von Ayun strenge Moslems sind und die Religion der Kalascha verachten. Wodurch sich 'vier (mal) Fleisch' sehr in Frage stellt.

Stille, erst wieder erwachen müssen und nun das sind, was sie immerfort gerufen haben: sutsch – 'rein'.

Inzwischen wurden im Klanhaus der 'Bulesing-dari' Vorkehrungen getroffen. Das Dorf hat Mehl, Salz und Walnüsse geliefert, diese Vorräte sollen, in einer Schaustellung von „überfließendem Überfluss *(abatas thara abat)*", im Klanhaus aufgehäuft und gemeinsam zubereitet werden. In der Mitte des Raumes wurde ein kegelförmiger Holzstoß errichtet, dessen Flammen an das Rauchloch der Decke lodern. Wir müssen uns gedulden, bis sich die Hitze legt, die Scheiter zusammensinken. Im hinteren Raumdrittel kneten ein paar Hirten den Teig auf Brettern und formen die 'Mützen' für den Walnussbrei. Davor, zu beiden Seiten des Backblechs, hantieren die Frauen mit gegabelten Ästchen, wenden die Brote und schupfen sie dann aus der heißen Asche nach der Seite, wo an der Längswand Tragkörbe bereit stehen. Die übrigen Leute sitzen auf einfachen Bänken, Brettern, und drängen sich in der vorderen Raumhälfte. Kein zweites Mal im Jahr sind die Dorfbewohner so fest in Wärme gehüllt, so vollzählig und eng zusammengedrückt. In unserer Behausung schwelt eine angriffslustige Fröhlichkeit, die alles in Unruhe erhält. Als mich mein Freund S. erkennt, der seinem Temperament die Rolle des 'Engländers' am Tag der 'Fuchsjagd' verdankt, nützt er eine dunkle Ecke und stürzt sich daraus, scheinbar wahnsinnig und von kräftigen Armen vergeblich zurückgehalten, auf mich, während ich, vom Rauch benommen, etwas Schwarzes, eine später sorgfältig besprochene Fledermaus, in einer Hand vor mir entdecke, die Beute einer zufälligen, auf das bläuliche Licht hin unternommenen Jagd. Es ist, als wären wir in einem Traum gefangen, der uns in absurde, aber ausführliche Episoden verwickelt, über die wir, noch diesseits des Erwachens, keine Gedanken verlieren. Inzwischen werden die Tanzlieder mächtig. Die Hirten stöbern die Initianten auf. Einer, der nicht gleich will, wird scharf angefahren und am Kragen gepackt. Der schmächtige Kleine, er heißt 'Hirten-König (Walmutsch Khan)', taumelt, sacht wie ein flugbereiter Vogel, in eine Tanzbewegung hinein, die ihn vor den Hirten in Sicherheit bringt. Unterdessen füllen sich die Tragkörbe nüchtern und genau so langsam mit Broten, wie diese Nacht zur Neige geht, in welcher die heiligen Lieder der Seklusion zuerst unter den Frauen aufkommen und sich von ihnen unbeirrbar wie eine Flüssigkeit ausbreiten, die durch das Gelächter der Müßiggänger dringt, ohne ihre Angelegenheiten sogleich zu stören. Während die Poesie der Männer ihren Hochweiden gilt, gründen ihre geheimen, magischen Lieder auf bruchstückhaften und beinahe dürftigen Texten, in Tanzrhythmen vervielfältigt oder in die Länge gezogen als getragene Hymnen, 'Dradjailak', deren Wörter sich so zögernd und lose verbinden, dass sie viel von einer Bedeutsamkeit behalten, die ihnen schon im Einzelnen inne wohnt. Einige Lieder sind eine Kombination beider Rhythmen, zum Beispiel eines, das sich an die Göttin 'Kuschumai' wendet und sie unendlich feierlich dazu aufruft, „das Kamel zu töten", für die Kalascha ein Fabeltier, das anscheinend die Tierwelt im Ganzen vertritt. Der Gipfel des Liedes liegt nicht in seinem Anfang und nicht mehr in seinem zweiten Teil, dem die Sängerinnen förmlich entgegen atmen, sondern dazwischen, in einem lautlosen Moment der Unentschlossenheit, in welchem das Lied in einen Tanzrhythmus umschlägt, welcher ihrem Bedürfnis nach Bewegung und Wiederholung gerecht wird, in dessen Mittelpunkt der Tanzschuh der Göttin steht, den sie, als Rangsymbol, den Leopardentötern verleiht. Inzwischen wurden im Klanhaus der 'Bulesing-dari' Vorkehrungen getroffen. Das Dorf hat Mehl, Salz und Walnüsse geliefert, diese Vorräte sollen, in einer Schaustellung von „überfließendem Überfluss (*abatas thara abat*)", im Klanhaus aufgehäuft und gemeinsam zubereitet werden. In der Mitte des Raumes wurde ein kegelförmiger Holzstoß errichtet, dessen Flammen an das Rauchloch der Decke lodern. Wir müssen uns gedulden, bis sich die Hitze legt, die Scheiter zusammensinken. Im hinteren Raumdrittel kneten ein paar Hirten den Teig auf Brettern und formen die 'Mützen' für den Walnussbrei. Davor, zu beiden Seiten des Backblechs, hantieren die Frauen mit gegabelten Ästchen, wenden die Brote und schupfen sie dann aus der heißen Asche nach der Seite, wo an der Längswand Tragkörbe bereit stehen. Die übrigen Leute sitzen auf einfachen Bänken, Brettern, und drängen sich in der vorderen Raumhälfte. Kein zweites Mal im Jahr sind die Dorfbewohner so fest in Wärme gehüllt, so vollzählig und eng zusammengedrückt. In unserer Behausung schwelt eine angriffslustige Fröhlichkeit, die alles in Unruhe erhält. Als mich mein Freund S. erkennt, der seinem Temperament die Rolle des 'Engländers' am Tag der 'Fuchsjagd' verdankt, nützt er eine dunkle Ecke und stürzt sich daraus, scheinbar wahnsinnig und von kräftigen Armen vergeblich zurückgehalten, auf mich, während ich, vom Rauch benommen, etwas Schwarzes, eine später sorgfältig besprochene Fledermaus, in einer Hand vor mir entdecke, die Beute einer zufälligen, auf das bläuliche Licht hin unternommenen Jagd. Es ist, als wären wir in einem Traum gefangen, der uns in absurde, aber ausführliche Episoden verwickelt, über die wir, noch diesseits des Erwachens, keine Gedanken verlieren. Inzwischen werden die Tanzlieder mächtig. Die Hirten stöbern einen Initianten auf. Einer, der nicht gleich will, wird scharf angefahren und am Kragen gepackt. Der schmächtige Kleine, er heißt 'Hirten-König (Walmutsch Khan)', taumelt, sacht wie ein flugbereiter Vogel, in eine Tanzbewegung hinein, die ihn vor den Hirten in Sicherheit bringt. Unterdessen füllen sich die Tragkörbe nüchtern und genau so langsam mit Broten, wie diese Nacht zur Neige geht, in welcher die heiligen Lieder der Seklusion zuerst unter den Frauen aufkommen und sich von ihnen unbeirrbar wie eine Flüssigkeit ausbreiten, die durch das Gelächter der Müßiggänger dringt, ohne ihre Angelegenheiten sogleich zu stören. Während die Poesie der Männer ihren Hochweiden gilt, gründen ihre geheimen, magischen Lieder auf bruchstückhaften und beinahe dürftigen Texten, in Tanzrhythmen vervielfältigt oder in die Länge gezogen als getragene Hymnen, 'Dradjailak', deren Wörter sich so zögernd und lose verbinden, dass sie viel von einer Bedeutsamkeit behalten, die ihnen schon im Einzelnen inne wohnt. Einige Lieder sind eine Kombination beider Rhythmen, zum Beispiel eines, das sich an die Göttin 'Kuschumai' wendet und sie unendlich feierlich dazu aufruft, "das Kamel zu töten", für die Kalascha ein Fabeltier, das anscheinend die Tierwelt im Ganzen vertritt. Der Gipfel des Liedes liegt nicht in seinem Anfang, und nicht mehr in seinem zweiten Teil, dem die Sängerinnen förmlich entgegen atmen, sondern dazwischen, in einem lautlosen Moment der Unentschlossenheit, in welchem das Lied in einen Tanzrhythmus umschlägt, welcher ihrem Bedürfnis nach Bewegung und Wiederholung gerecht wird, in dessen Mittelpunkt der Tanzschuh der Göttin steht, den sie, als Rangsymbol, den Leopardentötern verleiht.

Inzwischen ist die Nacht weit vorgerückt und neigt sich ihrem Ende zu. Die Körbe sind mit Walnussbroten gefüllt, die Tänzer haben sich müde getanzt und verlassen das Klanhaus, bis auf einige junge Männer, die zu Boden gesunken sind und an nichts mehr, was um sie herum geschieht, Anteil nehmen, während sie mit geschlossenen Augen das Lied von der Rückkehr des 'Balumain' in sich hineinsingen. Ein Zeitraffer hätte es enthüllt, wie sie in diesen Zustand gerieten. Erst ihre angriffslustige Art, mit der sie überall hinein fuhren, ohne sich um das Feierliche, das sich um das Brotbereiten entwickelte, viel zu kümmern, ihre derben Witze und dann die Tyrannei, mit der sie alle, die sich zurückhielten, provozierten oder nach vorne schoben und zum Tanzen anhielten. Nun liegen sie nicht einfach aus Müdigkeit da. Bei ihrem Anblick erinnere ich mich eines Mannes namens Badio, der eines Tages, weit außerhalb des Festes, bei meiner Kammer hereinschaute. Als ich ihn einlud, zu bleiben und einen 'Dradjailak' zu singen, musste ich ihm erst das Bett machen, dass er sich darauf legen konnte. Er legte sich hin, seitlich, mit angewinkelten Beinen, die Füße zur Türe und den Kopf zur Wand, und begann zu singen.

Krähenrufen, 24/25.12.1981 Von den alten Zeitbeobachtungen abgesehen, warten die Kalascha zu 'Tschau-mos' mit dem Höhepunkt des Festes, bis die Sonne am tiefsten steht und ihr „Winterlager" bezieht, und sie warten mit 'Kagayak', dem Fest der Krähen – der Boten der Toten – auf die ersten mondlosen Nächte danach. 'Kagayak' begehen sie deswegen durchschnittlich zwei Wochen nach 'Tschau-mos', doch fiel das Fest 1981 schon auf den 24./25. Dezember. - Jetzt beginnt, mit Einbruch der Dunkelheit, ein sehnsüchtiges Herbeirufen eines mythischen Vogels, der weißen 'Milch-Krähe', das sich sehr von anderen Bittgesängen (etwa an die Familiengöttin Jeshtak) in seiner Melodik unterscheidet, die eine größere Erregung erzeugt: ein langgezogener 'Dradjailak', welchen im Dorf Brun Handjeki, die Frau des Dador, anführte, die das 'Dradjailak'-Singen am besten beherrschte: die rauhe Stimmführung mit leise mitklingenden Nebentönen, jenes leichte Schwanken, unter dem man den Boden verliert. Der Text, das gesungene Wort eines 'Dradjailak', wird dann leicht aufgegeben, zerfließt in ein langes, leicht polyphones ho—o, welches die Sänger ruckartig hervorstoßen, sodass ihr Leib ein wenig zusammenfährt. Es ist eine ernste, fast melancholische Melodie, mit der die Menschen die weiße 'Milch-Krähe' um alles Mögliche bitten, um Kinder, Ziegensamen, weißes Weizenkorn, schöne Waigal-Frauen, Köstlichkeiten aus Peshawar und so weiter, und so weiter. Und letztlich kommt es mir im Nachhinein vor, dass sie solcherart die quasi Noch-Toten, Ungeborenen, Namenlosen, ins Leben rufen. Da saß nun die Frau des Dador auf dem Tanzplatz neben dem Feuer, den Kopf in die Hände gestützt und stimmte das Wünschen an, in das die anderen dann einfielen, und es, als sie dessen müde war, übernahmen. Dass ihre führende Rolle beim Krähenrufen sich nicht erst in jener Nacht ergeben hatte und nicht zufällig war, begriff ich, nachdem ich sie vor Jahren in einer unvohergesehenen Situation, einer partiellen Mondfinsternis, erlebte, die sie zuerst bemerkte, mit dem Backblech Alarm schlug, gleich das richtige Lied wusste (vom Löwen, der wegen einer Handvoll Mehl, den Mond verschlang), die anderen aus ihrer Unschlüssigkeit riss. Denn sie gehörte zu jenen Menschen, bei denen der Mond ein Aufsehen erregt, ein Hinaufsehen!

Damals gab es in Mumuret keine Elektrizität, kein Fernsehen, und was immer – in der Nacht war es schwarz. Jedermann musste, konnte, alles sich selber ausdenken, selber sehen (während wir vor lauter Bildern das Selbersehen verlernen). Die jungen Leute hatten zwar ihre 'Radiorekorder', die sie sorgsam wie Babys in Tüchlein hüllten, mit Flitterwerk ausstaffierten. Mit denen sie mir dröhnend, mit langweiligen Tschitrali-Liebesliedern, meine Tonbandaufnahmen verdarben, mit denen sie aber auch ihre eigene Musik, das Krähenrufen, aufnahmen.

Nach dem nächtlichen Herbeirufen der 'Milch-Krähe' hält man, sobald die Sterne verblassen, Ausschau nach den tatsächlichen Krähen. Die Krähen, bei den Kalascha Totenvögel, werden nun als Lebensbringer erwartet: in einem rohen Lied, das dem Sehnsuchtslied der Nacht entgegensteht, eine zweistrophige Litanei. Sie wird in einem fort, inbrünstig, hervorgestoßen und begleitet von einem rhythmischen „klak-jo, klak-jo". Und dies hört nicht auf bevor die Krähen kommen. Jetzt kommt es auf ein schnelles Sehen an. Wer entdeckt die ersten Krähen? Alle halten angestrengt Ausschau und halten in beiden Fäusten gekochte Bohnen bereit (denn es gab ein Bohnenfest). Ohne dass ich selbst etwas erkennen konnte, hatten scharfe Augen sie ausgemacht. Alle brachen in ein Freudengeschrei aus und warfen mit der einen Hand die Bohnen in den Himmel. Die Bohnen der anderen Hand steckten sie sich in den Mund.

Jürgen Wasim Frembgen:
"Wenn die Geister gemeinsam mit dir beten." Wundertaten in der Perlmoschee von Lahore

Wohl jeder in Pakistan kann etwas über Geister (Dschinn) erzählen, entweder von eigenen Begegnungen oder vom Hörensagen: Frauen, Männer und Kinder, Junge und Alte, Menschen aus allen sozialen Schichten, landauf, landab. Auch kritisch denkende „Aufgeklärte" haben zumindest eine Meinung zu den im Koran erwähnten Geistern. In der Regel lehnen Leute, die sich in Kleidung, Auftreten und Selbstverständnis bewusst modern und fortschrittlich geben, zunächst rundweg ab, an Geister zu glauben und mit derart irrationalen Dingen überhaupt etwas zu tun zu haben. Nach einer Weile räumen einige jedoch ein, von ihnen geplagt zu werden... meistens jedenfalls, denn es gibt auch solche, die sich zähmen lassen und dem Menschen dann zu Willen sind.

Nach islamischer Auffassung hat Gott die Dschinn aus Feuer geschaffen; sie sind sterblich, können aber sehr alt werden. Zumeist bleiben sie unsichtbar, doch mitunter nehmen sie die Gestalt von Menschen oder Tieren an – ohne Schatten zu werfen und Fußspuren zu hinterlassen. Es wird von Dschinn-Frauen erzählt, die es lieben, sich mittags in grellen Farben zu kleiden, von Dschinn-Männern, die wie normale Menschen aussehen, jedoch an ihren seltsamen Augen zu erkennen sind, von Geistern, die in schreckenerregenden Formen erscheinen und solchen, die als Schlangen, Skorpione, schwarze Hunde und Katzen, Vögel, Bienen oder Schmetterlinge auftreten. Neben muslimischen Dschinn gibt es auch nicht-muslimische Geister, „Ungläubige" also, die amoralisch handeln und sich gegen Gott auflehnen. Sie alle jedoch eint, dass sie Süßigkeiten mögen und Parfüm und Weihrauch. Gerne hausen sie in alten Gemäuern, Bäumen, Höhlen, Teichen oder Latrinen, vor allem aber in Einöden und Wüsten. In ihrem Verhalten sind Geister in der Regel böse und bringen Unheil und Krankheit (psychische Störungen, Depressionen, Schizophrenie), überfallen gar in Scharen ein Haus, gebärden sich kapriziös, sind unberechenbar und werden zudringlich, insbesondere gegenüber Frauen. Mitunter verlieben sie sich in Menschen und bringen sie um den Verstand. In diesen Fällen konsultiert man in Pakistan einen *ruhānī ʿamil*, einen spirituellen Heiler, oder einen Exorzisten, um böse satanische Dschinn zu kontrollieren und sich ihrer zu entledigen. Doch manche Geister sind dem Menschen auch wohlgesonnen.

Von solchen „guten" Dschinn hatte ich 2015 in der Juli-Ausgabe der pakistanischen Monatszeitschrift HERALD gelesen; sie sollten in der Perlmoschee des Shahi Qila-Forts hausen, der Residenz der Moghul-Herrscher von Lahore. Zwei Jahre zuvor, so schrieb die Journalistin unter Hinweis auf den Touristenführer, mit dem sie unterwegs war, habe ein Hakim, also ein traditioneller Arzt, aus dem Stadtteil Mozang ein Büchlein über die gütigen Geister dieser Moschee geschrieben. Seitdem kämen Scharen von Besuchern, um dort zu beten und die Dschinn um Fürsprache bei Gott zu bitten. Der Souvenirhändler, der draußen vor der Moschee seine Ware verkaufe, müsse ständig Nachschub für dieses Büchlein beschaffen. Was läge für einen Ethnologen und Islamwissenschaftler näher, als diesem interessanten Hinweis auf gelebten Geisterglauben nachzugehen? Meine Gedanken wanderten spontan zu den Praktiken der Besänftigung von Dschinn in den alten Gemäuern des Firoz Shah Kotla in Delhi, wo den Geistern bis heute Blumen, Kerzen, Öllampen und Räucherstäbchen dargebracht werden.

Im April 2017 erinnerte ich mich bei einem Besuch in Lahore an die Geister in der Perlmoschee (*moti masjid*). Diese Moschee in der Zitadelle des Forts wurde um das Jahr 1645 n. Chr. von Moghul-Kaiser Shah Jahan in perlweißem Marmor gebaut. Sie war damals den Frauen des Palastes vorbehalten. Vor dem Gebetssaal mit drei Kuppeln liegen ein kleiner Hof mit mehreren seitlichen Räumen für das Gebet sowie das Eingangsgebäude. Ein Freund, der seit vielen Jahren im Fort arbeitet, bestätigte die spärlichen, mir vorliegenden Informationen und berichtete ferner, dass der Hakim und Maulvi nicht nur in der Moschee gebetet, sondern nachts dort auch geschlafen habe. Er verkündete, dass die Gebete hier viel eher erhört würden als an anderen Orten, weil die gütigen muslimischen Dschinn gemeinsam mit den frommen Muslimen beteten. Die Geister sähen aus wie normale Menschen. Kerzen und Öllämpchen dürften nicht angezündet werden, doch würden die Besucher – in erster Linie Frauen – Gebetsteppiche stiften und Besen, mit denen sie zuerst den Hof fegten. Dies sei religiös höchst verdienstvoll. Die Teppiche würden von den Bediensteten des Forts später weiterverkauft. Der Hakim sei auf diese Weise sehr reich geworden, die Leute gaben ihm auch großzügig Geld, damit er für sie bete, außerdem habe er ein Büchlein über die Moschee geschrieben. Inzwischen verbot das zuständige Department of Archaeology dem Hakim den Zugang zum Fort sowie den Verkauf der kleinen Schrift in dem erwähnten Souvenirladen. Der Titel des Büchleins laute „Akbari risala" und sei in einem Laden bei einer aus weißem Marmor gebauten Moschee in Mozang erhältlich.

Ich machte mich also auf in Richtung des alten Stadtviertels Mozang. Schon bei der ersten Moschee, zu der mich der Riksha-Fahrer brachte, stellte sich heraus, dass der Suchbegriff „Moschee aus weißem Marmor" etwas zu weit gefasst war. Jede Moschee wird heute aus diesem Material gebaut.

Ich ging weiter zum nächsten Gebetshaus, wieder war der zuständige Geistliche nicht auffindbar. Einige ältere Männer, die nachmittags hier vor einem der Läden saßen, hatten weder von einem „Akbari risala" gehört, noch von einem Hakim aus Mozang, der in der Perlmoschee gebetet und ein Buch geschrieben habe. Ebenso reagierte ein Buchhändler, den ich ansprach. Ein Softdrink-Verkäufer konnte sich zwar an den Hakim erinnern, mir aber keinen Ratschlag geben, wo ich das Büchlein finden könne. Schließlich kam ich zu einer Moschee, aus der gerade ein junger bärtiger Maulvi heraustrat. Er wusste Bescheid. Der Maulvi sagte, ich müsse zur Qartaba-Moschee in Mozang-Chungi gehen. Dort werde das Buch jetzt verkauft. Allerdings heiße die kleine Schrift nicht "Akbari risala", sondern ʿAbqari. Bei der angegebenen Moschee stellte sich jedoch heraus, dass das Büchlein jetzt in der nahe gelegenen Tibb-Moschee erhältlich sei. Dort wandte ich mich an den Geistlichen, der gerade seine Schüler unterrichtete. Freundlich teilte er mir mit, dass ich in das Büro des nur wenige Schritte entfernten Abqari Dawaiyat gehen solle, einer Apotheke, in der man Experten der traditionellen Prophetenmedizin konsultieren könne. Dort bekäme ich das von mir gesuchte Büchlein. So war es dann auch. Es stellte sich als ein Heftchen von 48 Seiten im Kleinformat 11,2 x 8,7 cm heraus und trägt den Titel „Wundertaten/-praktiken in der Perlmoschee" (*Moti masjid men ʿamal ke kirishmāt*), in Urdu verfasst von Hakim Mohammad Tariq Mahmud Majzubi Chughtai. Bei diesem Autor handelt es sich um das Oberhaupt von Ubqari („die Vollkommenen"), einer Organisation für islamisch-spirituelle Heilung mit eigenem Internetauftritt (www.ubqari.org), die eine Vielzahl von Büchlein und Heftchen sowie eine Zeitschrift herausgibt. Die wöchentlichen Unterweisungen dieses *ruhāni ʿamil* finden sich auch im Internet. Ich kaufte das Büchlein für 10 Rupien, umgerechnet etwa 8 Cent.

Im Eingangskapitel „Zustand des Herzens" betont der Autor, dass jeder, der in der Perlmoschee bete, unzählige geistige Schätze finden werde. Auf welche Weise man sich diese aneigne, erklärt er am Beispiel Allama Lahutis – sehr wahrscheinlich handelt es sich bei diesem um sein Alter Ego. Allama Lahuti habe viele Tage gemeinsam mit den Geistern in der Perlmoschee verbracht, die Jahrhunderte lang auf ihn gewartet hätten. Er traf dort den 736 Jahre alten Sahabi Baba, den König der Dschinn, der ihm die Hand küsste und eine „goldene Nachricht" überbrachte. Er nahm ihn mit auf eine Reise in die andere Welt und zeigte ihm einen weißen Palast, der in seiner Schönheit mit Worten nicht zu beschreiben war. Selbst in die verborgenen Winkel dieses Palastes führte er ihn. Alles darin war weiß, die Vorhänge, Wände, Betten und Teppiche. Schließlich öffnete er eine magische Tür zu einem weiteren weißen Palast, in dem kleinwüchsige Dschinn lebten. Allama Lahuti wurde auf das Herzlichste begrüßt und reich bewirtet, er aß aus goldenen und silbernen Gefäßen. Die kleinen Diener offerierten ihm dreiundzwanzig erlesene Speisen – er fühlte sich wie im Paradies. Im nächsten Kapitel wendet sich der Autor wieder der Shahi Qila in dieser Welt zu und erwähnt einen Dschinn aus Afrika, den Allama Lahuti dort traf. Dieser Gast offenbarte ihm den wunderbaren Spruch und die spirituelle Praxis (ʿamal), durch die sich sämtliche Wünsche erfüllen würden. Bei den zusätzlich zu den Pflichtgebeten gesprochenen Suren und Anrufungen solle man jeweils bei der Eröffnungssure die Formel īyyaka na'budu wa īyyaka nasta'īn – „Dir allein dienen wir, und Dich allein flehen wir um Hilfe an" – so oft wie möglich wiederholen. Dabei beteten in der Perlmoschee die Geister diesen Spruch gemeinsam mit den Menschen, dies sei besonders segensreich. Anschließend referiert der Autor mehrere Beispiele für fromme Beter, deren Wünsche auf diese Weise in Erfüllung gingen. Der König der Dschinn belehrte Allama Lahuti, dass das Sprechen der wunderbaren Formel an diesem Ort hundertmal wirkungsvoller sei als irgendwo sonst auf der Welt. Jedem, der hier bete, würde ein besonderer Duft zuteil. Die Geister der Perlmoschee seien hilfreich und würden zu Freunden der Menschen, wenn sich diese in Schwierigkeiten befänden. Dschinn aus allen Gegenden der Welt kämen herbei, um hier gemeinsam mit den frommen Muslimen zu beten. Außerdem beteten jedes Jahr 382 Heilige in dieser alten Moschee. Deshalb sei der Segen der Gebete garantiert. Der Ozean der anderen Welt begegne dem Frommen in der Perlmoschee. Abschließend berichtet er von den Erfahrungen einzelner Besucher, deren finanzielle Problem gelöst, deren Krankheiten geheilt und die rundum glücklich wurden. Auf den letzten Seiten spricht er über das vorgeschriebene Verhalten an diesem heiligen Ort, es sei zum Beispiel verboten Kerzen und Öllämpchen anzuzünden, aber segensreich, den Boden des Hofes zu fegen. Bei meinem Besuch in der Perlmoschee saß eine ältere Frau in dem halb offenen Kuppelraum des Eingangsgebäudes, der sich zum Hof und zur Gebetshalle hin öffnet. Sie sprach Bittgebete und zählte dabei die Perlen ihrer Gebetskette. Hinter ihr waren gewebte Gebetsteppiche aufgeschichtet, die der Moschee gestiftet worden waren, daneben lagen zahlreiche Besen. Die Wände der drei kleinen Gebetsräume, die auf der rechten Seite des Hofes liegen, sowie des Vestibüls, in dem die Schuhe deponiert werden, waren über und über mit Graffitis bedeckt. Hier nur drei Beispiele[1]:

Oh Allah, lass meine Mutter und meinen Vater immer über uns wachen! Amen.
Oh Allah, nimm meine tief empfundenen Wünsche an! Amen.

---

[1] Für Hilfe bei der Entzifferung und Übersetzung danke ich meinem Freund Asif Jehangir.

> *Oh Allah, schenke den geschäftlichen Unternehmungen meines Vaters großen Erfolg und Segen!*
> *Amen.*
> *Oh Allah, schenke meinem Vater Gesundheit!*
> *Amen.*

Ein anderer Besucher schrieb:

> *Oh Allah, erfülle mir jeden Herzenswunsch und gib mir Erfolg bei all meinen Examina!*
> *Amen.*
> *Heiliger Allah, schenke mir ein gutes Schicksal!*
> *Amen.*
> *Heiliger Allah, vergib mir all meine Sünden.*

Ein dritter kritzelte ebenfalls eine vierzeilige Inschrift:

> *Oh Allah, vergib meinen Eltern und gib ihnen einen Platz im Paradies und vergib mir all meine Sünden*
> *und mach mich und meine Familie zu Sklaven Allahs und des Propheten. Schenke mir den Anblick des geliebten Propheten.*
> *Nimm meine Dienerschaft an und gib mir einen Platz zu Füßen des Propheten. Amen.*
> *Ich und die Mitglieder meiner Familie ...* [Rest unleserlich]

In anderen Moscheen in Pakistan habe ich Graffiti dieser Art mit frommen Anrufungen und Wünschen um Heil und Segen nicht gesehen. Sie gehören zur religiösen Alltagspraxis an einem sakralen Ort, der aufgrund seiner Verbindung mit gütigen Geistern vor allem für Frauen zu einem wichtigen Pilgerziel geworden ist. Die Perlmoschee in Lahore stellt daher einen Sonderfall dar. Hier wird die Wirkmächtigkeit der Gebete dadurch multipliziert, dass die Dschinn gemeinsam mit den frommen Muslimen beten.

>huwa-haq<

Inhaltsverzeichnis

Vorwort der Herausgeber	7
Gleb Snesarev: Menschen und Geister	9
Rauschan Kamalova: Die Heiler Karakalpakstans	47
Sadriddin Ajni: Ahmad, der Dämonenbändiger	64
Moderne Zähmungsversuche	95
Bahriddin Azizi: Die Tschil-Hudschra-Höhle	97
Ildikó Bellér-Hann: Geister in Xinjiang	100
Lutz Rzehak: Verheiratet mit Dschinns	111
Karl Wutt: Domänen und Dämonen	119
Jürgen Wasim Frembgen: "Wenn die Geister gemeinsam mit dir beten." Wundertaten in der Perlmoschee von Lahore	130